Charly Kowalczyk:

MAMA und PAPA sind meine richtigen ELTERN

Pflege- und Adoptivkinder erzählen ihre Geschichte

Zum Autor:

Charly Kowalczyk arbeitete fünf Jahre als Redakteur für eine entwicklungspo-
litische Zeitschrift. Seit Mai 1996 lebt und arbeitet er als freier Journalist in
Bremen.

Charly Kowalczyk

MAMA und PAPA

sind meine richtigen

ELTERN

Pflege- und Adoptivkinder erzählen ihre Geschichte

Schulz-
Kirchner
Verlag

Idstein 2006

Bibliografische Information Der Deutschen Bibliothek
Die Deutsche Bibliothek verzeichnet diese Publikation in der Deutschen Nationalbibliografie; detaillierte bibliografische Daten sind im Internet über http://dnb.ddb.de abrufbar.

Besuchen Sie uns im Internet: www.schulz-kirchner.de

5. unveränderte Auflage 2006
4., in die neue Rechtschreibung umgesetzte Auflage 2003
3. unveränderte Auflage 2000
ISBN 978-3-8248-0300-2
Alle Rechte vorbehalten
© Schulz-Kirchner Verlag GmbH
Idstein 2006
Umschlag: Gisela Fuhrmann
Fotos Umschlag: Andrea Kolling
Lektorat: Vera Kissel
Druck und Bindung: Rosch-Buch Druckerei GmbH, Scheßlitz
Printed in Germany

Zu diesem Buch

14 Pflege- und Adoptivkinder
erzählen ihre Geschichte

Mit Mut berichten sie von ihren Erlebnissen, die manchmal dramatisch und traurig, manchmal heiter und spannend sind. Viele sind zerrissen von den Gefühlen, die sie ihren „doppelten Eltern" entgegenbringen. Manche sehnen sich nach einem Kontakt zu ihren leiblichen Eltern, andere brechen die Beziehung zu ihnen ab oder wollen sie erst gar nicht aufnehmen. Manche müssen sich auch aus ihrer Pflegefamilie befreien. Jede der 14 Geschichten ist einzigartig, aber alle zeigen, dass Kinder auch in scheinbar aussichtslosen Situationen nicht verloren sind.

Das Buch möchte Adoptiv- und Pflegeeltern auffordern, ihren Kindern zuzuhören. Es soll Kindern und Jugendlichen Mut machen, ihre Geschichte zu erzählen.

Inhalt

Manka, 12 Jahre

Wenn ich erwachsen bin,
werde ich nachforschen

Ich voltigiere am liebsten. Das ist, auf dem Pferd zu turnen. Es macht mir einfach Spaß. Ich mache das jeden Freitag. Nur manchmal fällt es dann aus, weil ich keine Zeit hab. Dann muss ich zum Geburtstag oder irgendwo hin. Dann komm ich halt das nächste Mal wieder. Und wenn wir in Urlaub fahren, kann ich da auch nicht hin. Da kann ich doch nicht extra zu Hause bleiben, um zum Voltigieren zu gehen. Das ist doch logisch.

Wir stehen und knien auf dem Pferd und machen darauf verschiedene Sachen. Das kann man nie so genau beschreiben. Das ist immer das Doofe an solchen Sachen. Das Pferd geht um den Kreis. Ein Turngerät kann das nicht. Dann machen wir bestimmte Übungen im Galopp oder im Trab. Im Trab ist es schwerer als im Galopp. Ich bin schon oft genug vom Pferd gefallen. Das gehört zum Reiten. Bisher war es nicht so schlimm.

Nur einmal bin ich mit dem Gesicht voran in den Sand gefallen. Da bin ich nur erschrocken, weil ich so hinuntergesaust bin. Seitdem mache ich diese bestimmte Übung nicht mehr besonders gerne. Ich lag mit dem Bauch auf dem Pferd und bin nach vorne runtergerutscht. Doch das Pferd tritt nie auf einen drauf. Das macht es schon instinktiv nicht. Bei uns lagen schon viele auf dem Boden. Und noch nie ist ein Pferd auf irgendjemand draufgetreten. Wenn das Pferd mal buckelt und im Galopp hochgeht, das ist doof. Wenn das Pferd buckelt, saust man schon oft runter.

Wenn wir Kür machen, dann sitzen wir zu zweit auf einem Pferd. Da sind dann immer ganz lustige Sachen bei.

Auf einem Turnier waren wir bis jetzt noch nicht, obwohl ich schon zwei Jahre voltigiere. Das ist etwas doof. Andere Gruppen waren schon so oft auf Turnieren und wir noch überhaupt nicht. Als wir zu einem Turnier wollten, haben einige aufgehört, mit denen wir am Turnier teilnehmen konnten. Denen passte an unserer Voltigierlehrerin irgendwas nicht, dann sind sie in eine andere Gruppe gegangen. Wir sind so wenige jetzt und für eine Gruppe muss man ja acht oder neun Leute sein. Wir sind sechs, sieben, aber davon sind drei oder vier Kleine, die wir noch aufs Pferd heben müssen.

Wir sind nur Mädchen. Es gibt auch Jungen, die reiten. Aber bei uns nicht. Meine Brüder kommen nie mit. Vielleicht mal im Urlaub, wenn es Ponyreiten gibt. Doch wenn die sich nicht in meine Dinge einmischen, ist das schon besser. Die können nämlich ganz schön nerven. Die lachen zum Beispiel, wenn man herunterfällt. Oder wenn man was falsch macht. Das ist das Nervige. Bei anderen Sachen habe ich das schon öfter erlebt. Das ärgert mich. Ach, die tun immer nur so, als könnten sie es. So, als wenn sie alles besser könnten.

Eine Schwester hätte ich gerne noch. Aber noch ein Kind nehmen meine Eltern nicht dazu. Dann wären wir zwei Mädchen. Und zwei gegen zwei wäre schon besser. Die spielen immer zusammen und dann bin ich alleine. Das ist das Blöde. Mit Erik spiele ich schon öfter, aber mit Ole nicht, weil der immer so rumnervt. Wenn er keine Lust hat, dann schummelt er. Wir spielen Kniffelspiele, Kanaster, Kartenspiele. Ole ist ein Jahr älter und Erik ist ein halbes Jahr jünger. Mit den Barbies habe ich auch eine Weile gespielt, da haben sie nicht mitgespielt. Das habe ich gespielt, als ich noch jünger war, jetzt aber nicht mehr. Höchstens mit den Pferden. Die spielen Lego. Ich male ganz oft. Manchmal wollen die auch nicht, dass ich mitbaue. Manchmal sind sie aber trotzdem ganz in Ordnung. Ole seltener, doch Erik öfter.

Das autogene Training im Sportunterricht finden alle doof. Früher haben wir das immer gemacht. Jetzt dürfen wir aussuchen, wer mitmacht. Unser Lehrer will immer Jungs und Mädchen zusammenbringen. Das finden wir auch so blöd. Er will das, weil die Jungs und Mädchen in unserer Klasse so verfeindet sind. Das mag er irgendwie nicht. Wir wollen aber nicht mit den Jungs. Die aber auch nicht mit uns. Die ärgern uns immer und treten bei jeder Gelegenheit. Warum sollen wir dann auch noch mit ihnen spielen. Das ist doch eine unnützige Zeitverschwendung. Die verstecken zum Beispiel unsere Sachen.

Susannes Schultornister haben wir auf dem Klo gefunden. Die schreiben auch solche doofen Zettel, wo denn drauf steht, wer in wen verliebt ist. Was gar nicht stimmt. Natürlich aus Rache schreiben wir solche Zettel auch.

Bei uns in der Klasse kommt es kaum vor, dass ein Junge mit einem Mädchen zusammensitzt. Vorne sitzen die Mädchen und weiter hinten die Jungs. Wir sitzen in Zweierbänken. Wir sind 25 Schüler. Und da sitzen immer Mädchen neben Mädchen. Nur wenn es manchmal nicht anders geht, sitze ich neben einem Jungen. Ich saß bis vor kurzem neben einem Jungen, weil es nicht anders ging. Aber das ist Dennis, der ist kleinwüchsig. Und der ist wenigstens noch einigermaßen vernünftig. Da würde ein Mädchen sich noch neben ihn setzen. Das ist nicht so schlimm. Doch von den Jungs wird Dennis manchmal schon verspottet. Die wollen ihn nie in ihrer Mannschaft haben, weil der im Sport so langsam ist. Er kann auch nicht so hochwerfen mit dem Ball. Wir geben ihm den Ball ab, auch wenn die Jungs rumbrüllen, dass sie das nicht wollen. Das machen wir trotzdem, wir sind ja frei zu leben. Sie lassen sich auch nicht von uns befehlen, was sie zu tun haben. Dann lassen wir uns auch nicht von ihnen befehlen, was wir zu tun haben.

Der Sportlehrer hat schon mal versucht uns zu erklären, warum er mit uns autogenes Training machen will. Aber auch nicht besonders doll. Er sagt auch, wir sollen uns beruhigen, wir sollen ruhig werden. Aber ich hab mich noch nicht darauf eingelassen. Außerdem habe ich Angst, dass der Lehrer auf einem herumtrampelt. Wenn der vorübergeht, dann knackt der Boden immer so.

Den Lehrer hab ich leider auch noch in Mathe. Früher hab ich Mathe gern gemacht. Jetzt nicht mehr. Die Noten sind gleich geblieben, nur der Spaß ist weg. Der Lehrer ist so streng. Wer nur ein bisschen was sagt, bekommt eine Strafarbeit oder muss raus. Bis jetzt habe ich noch Glück gehabt. Die Mädchen schickt er sowieso kaum raus. Meistens die Jungs. Eigentlich weiß ich nicht warum, weil die reden auch nicht mehr als wir. Die Jungs bemerken diese Ungerechtigkeit nicht. Na ja, vielleicht manchmal schon. Aber sie machen keinen Protest dagegen.

Wer rausfliegt, muss auch oft die Stunde am Donnerstag in der siebten Stunde nachholen. Das ist besonders doof, in der Schule bleiben zu müssen, während die anderen schon nach Hause gegangen sind. Dazu gibts einen Brief an die

Eltern mit. Und bei der Deutschlehrerin kriegt man auch einen Brief mit nach Hause, wenn man dreimal in der Woche vergessen hat, die Hausaufgaben zu machen. Ich hab bisher noch keinen Strich gekriegt. Und wer den Unterricht stört, kriegt auch einen Strich. Und bei drei Strichen gibts eben einen Brief nach Hause. Ich bin bisher gut dabei weggekommen. Glück muss man haben.

Eigentlich habe ich keine Angst mit einem Lehrerbrief nach Hause zu kommen. Es wäre mir nur ein bisschen peinlich wegen Erik und Ole. Wenn die mitkriegen, dass ich im Unterricht gestört habe, wie man so schön sagt, dann lachen sie wieder und so. Dann weiß es gleich die ganze Schule, vor allem ein paar aus Eriks Klasse, die ich nicht ausstehen kann. Meine Eltern sind nicht so streng, aber meine Brüder würden sich freuen, so etwas zu wissen. Die würden noch tagelang darüber sprechen. Wenn ich mich mal verspreche, dann weiß Ole das noch jahrelang hinterher. Aber ich halte ihm das nicht vor. Ich vergesse das immer.

Englisch ist ganz gut. Eine Zwei hatte ich im Zeugnis. Das reicht mir. Mit Ole kann ich mich eh nicht vergleichen, dem ist das angeboren mit der Schule. Der brauch kaum lernen, der schreibt immer gute Noten. Das Schlechteste ist bei ihm, glaube ich, eine Drei. Meistens schreibt der eine Eins und das Zeugnis ist voll von Einsen. Ich habe viele Zweien und das reicht mir. In Englisch gefällt mir, wenn wir etwas Neues lernen. Andererseits ist es doof, wenn wir nicht gleich etwas kapieren. Na ja, ohne Lernen gehts nicht. Aber ich habe oft keine Lust dazu. Dann ist zu Hause immer ein bisschen Drama, Geschreie zwischen Mami und mir. Ich zwiebel sie auch damit, dass ich herummeckere, wenn ich keinen Bock mehr habe. Dann höre ich auf und mache später weiter, wenn ich wieder Lust kriege. Und das klappt dann hinterher meistens ganz gut. Mami erinnert mich daran, dass ich üben soll, besonders am Wochenende. Das nervt natürlich ganz schön, am Wochenende lernen zu müssen, wenn die Schule vorbei ist. Wir schreiben viele Arbeiten. Aber wenn mal was schief geht, ist es auch nicht so schlimm. Meine Eltern reißen mir auch nicht den Kopf ab.

Orgel und Keyboard hab ich mal gespielt. Jetzt haben wir keinen Musikunterricht mehr. Am liebsten würde ich Klavier oder Trompete spielen. Meine Eltern kaufen das nicht, weil beides so teuer ist. Und das braucht man doch zum Üben.

Bei meiner Freundin Elena steht ein Klavier. Sie hat auch Klavierunterricht und eine Gitarre hat sie auch. Und sie hat fünf Brüder und keine Schwester. Einer der Brüder ist grade im blöden Alter, der nervt so am meisten. Mit vier, fünf, sechs Jahren ... da nerven sie am meisten. Sie ist dabei die Älteste und muss auf die Jungs aufpassen. Oje! Das findet sie auch immer doof. Sie muss das jeden Tag machen und auch viel im Haus machen. Ich habe einmal dabei geholfen, als ich bei ihr geschlafen habe. Da mussten wir den ganzen Morgen auf die Kinder aufpassen. Das war auch doof. Nee, spannend fand ich das nicht. Kleine möchte ich nicht haben, höchstens noch ältere.

Noch eine ältere Schwester adoptieren, das geht nicht. Wenn Kinder schon älter sind, können sie sich so schwer an fremde Eltern gewöhnen. Und außerdem haben wir zu wenig Platz. Und sie wollen sich nicht noch einmal ein neues Kind aufladen. Drei haben sie und das reicht ihnen schon. Für mich wär das schön, wenn ich mich gut mit ihr vertragen würde. Drängeln würde ich meine Eltern nicht. Das wär eigentlich auch nicht so gut, das zu sagen. Sie haben mich auch schon aufgenommen und ich krieg auch viele Sachen und Zirkus und Voltigieren und alles. Und dann noch ein Kind, das würde dann auch wieder Geld kosten.

Mit drei Jahren bin ich hier hergekommen. An meine leibliche Mutter kann ich mich nicht erinnern. Ich habe ein Foto von ihr. Ich gucke das nicht häufig an. Das steht da oben. Ich sehe es, je nachdem wie ich aufgeräumt habe. Was allerdings selten vorkommt. So aufgeräumt wie heute ist es selten. Da hat mir Mami geholfen. Und das ist auch nur passiert, weil Sie hier hergekommen sind. Das ist mein Vorteil, weil ich nicht aufgeräumt hätte. Ordnung ist auch ganz gut, aber Unordnung ist auch nicht schlecht. Manchmal habe ich Ordnung auch ganz gerne, weil ich dann hin und wieder etwas finde, was ich lange gesucht habe.

Ich kann aufräumen, wenn ich will. Wenns aber ganz schlimm aussieht, dann sagt Mami manchmal, dass sie mit dem Müllsack kommt.

Das Foto von meiner leiblichen Mutter habe ich zu meinem zehnten Geburtstag gekriegt. Das habe ich mir gewünscht. Tante Iris ist die Schwester von meiner Mutter, die arbeitet zufällig im gleichen Geschäft wie Mami. Deshalb kenne ich sie ganz gut und da habe ich auch mal gesagt, dass ich ganz gern ein Foto haben möchte. Ich wollte einfach mal sehen, wie sie aussieht. Das ist aber schon länger her. Das ist kein neues Foto. Das ist von 1986. Da war ich grade zwei Jahre auf der Welt.

Ich kann mich überhaupt nicht an die ersten drei Jahre erinnern. Ich glaube, ich würde sie auch gar nicht erkennen. Tante Iris treffe ich öfter mal, auch zum Eis essen. Sie ist ganz nett. Zum Geburtstag, zu Ostern, zu Weihnachten kriege ich auch immer etwas von ihr. Ich schenke ihr meistens auch etwas. Das wird auch so bleiben, so lange sie mir auch etwas schenkt. Über meine Mutter reden wir nicht. Sie ist auch irgendwie krank. Deshalb bin ich ja auch hierher gekommen. Ich weiß nicht, welche Krankheit sie hat. Das interessiert mich auch nicht besonders. Vielleicht interessiert es mich später mehr, wenn ich größer bin. Dann werde ich mich wohl dafür interessieren und auch nachforschen. Wenn ich erwachsen bin, werde ich das vielleicht machen.

Lars, der obendrüber wohnt, der Große hat es auch gemacht. Er ist auch ein Adoptivkind meiner Eltern. Der wohnt auch schon ziemlich lange hier. Sein Vater ist wohl der Mann aus Mamis erster Ehe. Und Lars hat nach seiner Mutter geforscht. Aber ich bin nicht ganz sicher, wie das genau ist.

Eigentlich weiß ich das schon ganz genau, dass ich später nachforschen werde. Das interessiert mich ja auch. Wer mein Vater ist, weiß eigentlich niemand außer meine Mutter. Als ich geboren wurde, ist er weggegangen. Das weiß nicht einmal das Jugendamt. Er wollte wohl keine Kinder haben. Ich glaube, gesehen habe ich ihn noch nie. Ich träume nicht von meiner Mutter. Manchmal schon, aber nicht so oft. Dann reden wir zu Hause darüber und dann denke ich darüber nach. Mami hat schon zu mir gesagt, wenn ich größer bin, so 15 oder 16, wollen wir mal zusammen da hingehen. Sie weiß ja, wo sie wohnt. Wenn ich mal daran denke, dann fange ich einfach an darüber zu sprechen. Dann reden wir stundenlang darüber. Es gibt keine bestimmte Situationen, wo mir meine Mutter in den Kopf kommt. Es kommt einfach so. Doch es kommt mir nicht mehr so oft in Kopf. Das war früher wohl öfter. Manchmal werde ich auch traurig darüber. Aber nicht so oft. Manchmal muss ich auch weinen, aber warum weiß ich eigentlich gar nicht.

Die Mädchen in meiner Klasse wissen um meine Geschichte. Die Jungs wohl nicht. Den meisten Mädchen habe ich das auch erzählt, sonst wüssten die das gar nicht. Sie finden das ganz normal. Sie finden mich spannend und Familie ist auch nicht so wichtig. Die Steffi kommt auch nicht gerade aus einer guten Familie. Die Eltern rauchen und haben auch nicht viel Geld. Und wir reden darüber auch nicht und spotten auch nicht. Sie ist eben eine gute Freundin und das ist wichtig. Die Mutter von Steffi ist ganz gut, aber der Vater ist grob, nicht so wie meiner.

Mit meinem Vater bin ich zufrieden. Da fühl ich mich auch ganz gut aufgehoben.

Die Lehrer sagen auch nichts dazu. Das fände ich aber auch nicht gut, wenn die sich in mein Privatleben einmischen würden. Unseren Klassenlehrer duzen wir, der spricht auch in der Schülersprache. Das ist unser Vertrauenslehrer. Die anderen Lehrer siezen wir. Dem Klassenlehrer würde ich das schon erzählen, aber sonst keinem anderen Lehrer. Der ist einfach gut, der ist nicht so streng und versteht auch die Kinder, wenn die etwas wollen. Bei ihm sprechen wir in der Klasse auch immer ab, was wir machen und stimmen auch darüber ab. Das ist einfach toll, wenn man mit Lehrern so reden kann wie mit Schülern.

Also ich trau mich schon, den anderen Schülern zu sagen, was mir nicht gefällt. Und zu Hause traue ich mich das auch. Aber gegenüber den Lehrern nicht. Da habe ich schon einen gewissen Respekt vor. Die Lehrer müssen ja respektiert werden und nicht so einfach übersehen werden, sonst werden die sauer und flippen aus. Bei Herrn Weinert ist das heute passiert. Da haben wir gequatscht und wieder gequatscht. Und wir mussten immer wieder neu anfangen. Dann schreit er durch die Gegend und weiß gar nicht mehr, was er sagt. Dann ist auf einmal eine Zeit lang alles still, sagen wir es so.

Dem Sport- und Mathelehrer wollten ein paar Mädchen zusammen mal sagen, dass der Unterricht anders gestaltet werden soll. Das ist auch nicht in Ordnung, dass der so einzelne Sachen fragt, die Privatsachen sind, ob wir Probleme haben oder so. Ich finde, dass alle Mädchen zu ihm hingehen sollen und ihm mal sagen, was uns daran stört. Das wirkt mehr auf ihn ein, als wenn das eine alleine sagt. Bisher haben wir uns noch nicht getraut.

An Märchen kann ich mich nicht gut erinnern. Aber ich leihe mir viele Bücher von der Bücherei. Am meisten lese ich Pferde- oder Abenteuerbücher. Am Wochenende lese ich manchmal bis zwölf oder halb eins nachts. Einen Roman habe ich bis halb zwei gelesen, das war das längste. Ich lese gerne. Am nächsten Tag will Mami, dass ich bis spätestens um elf Uhr aufstehe, weil sie es nicht so gut findet, wenn ich zu spät aufstehe. Doch meistens komme ich erst um zwölf oder halb eins runter.

Die Tante Iris erzählt nichts über meine Mutter. Aber das ist mir auch recht. So gern rede ich darüber auch nicht. Es ist ja auch nichts Besonderes. Ich möchte auch nichts Besonderes sein. Im Streit komme ich auch nicht auf die Idee, Mami zu sagen, du bist nicht meine richtige Mutter. Das denke ich höchstens mal. Wenn ich sauer bin, gehe ich nach oben in mein Zimmer und wenn ich nicht mehr sauer bin, gehe ich wieder nach unten. Wenn ich es gedacht habe, habe ich hinterher manchmal ein schlechtes Gewissen. Nur manchmal, ein bisschen, wenn sie wieder nett zu mir sind. Sonst aber nicht. Wenn sie mich anmeckern, kann ich doch zurückmeckern. Nur bei bestimmten Anlässen kommt meine Wut raus, wenn ich zu sehr genervt bin.

Am meisten ärgert mich, wenn ich ausgelacht werde. Da könnte ich in die Luft gehen, wenn andere rumlachen und es selber nicht können. Wenn man auslacht und es kann, das ist noch etwas anderes. Aber wenn man auslacht und es nicht kann, das ist es, was mich auf die Palme bringt.

Was mich auch nervt ist, wenn ich abends noch mein Fahrrad reinstellen muss. Dann tut Papa immer ganz freundlich, ruft mich und ich komme dann runter und dann sagt er „Fahrrad reinstellen" oder „Sachen wegräumen" oder sonst für einen Kram. Da denkt man, es kommt was Gutes und dann kommt so was.

Mit Mami habe ich manchmal auch Ärger, weil ich nicht gerne dusche. Ich habe da einfach keine Lust zu. Das ist doch Zeitverschwendung. Einmal in der Woche muss ich mich duschen, sonst nicht. Eigentlich nervt mich das Haare waschen. Ich würde lieber jeden Tag baden, als einmal in der Woche duschen. Aber das dürfen wir nicht. Zu wenig Zeit.

Im Haushalt muss ich wenig helfen. Wenn ein Kuchen selbst gebacken wird, backe meistens ich den. Rührkuchen mit Kirschen backe ich oft oder Apfelkuchen. Pfannkuchen mache ich auch gerne. Meine Lieblingsspeisen sind Milchreis mit eingemachten Früchten oder mit Zimt und Zucker. Oder Leber mit gerösteten Zwiebeln und gekochten Äpfeln oder Erbsen und Möhren dazu. Lasagne mag ich auch gerne.

Ich erinnere mich kaum an Träume. Besonders schöne Träume habe ich eigentlich nicht. Manchmal träum ich was nicht so Schönes. Ich weiß auch nicht, woher das kommt, aber wenn Vollmond ist, dann träume ich irgendwas. Manchmal träume ich was, das nicht sein kann. Und manchmal träume ich was von früher, was doof war.

Über sein Leben erzählen, ist schon ein bisschen komisch. Ich habs gemacht, weil es andere auch machen. Es ist ja nichts Schlimmes. Ich interessiere mich auch für die anderen Geschichten. Halbwegs habe ich das auch gemacht, um einfach mal zu erzählen. Das kommt ja auch nicht so häufig vor.

Wenn man stark ist, kann man da raus kommen

Ich bin 1979 in Bremen geboren. Die Familie war am Anfang noch in Ordnung, zwar ohne Vater, aber es lief. Meine Mutter ging arbeiten.

Bis zur dritten Klasse in der Grundschule habe ich es geschafft, dann bin ich von der Schule geflogen, weil ich so viel Quatsch gemacht hab. Einige in der Schule meinten, ich wäre unterfordert. Andere wiederum meinten, ich kann nichts. Ein Jahr war ich dann in der Sonderschule. Danach war ich dort wieder weg. Am Grips fehlt es nicht, wurde festgestellt. Ich habe das auch so gesehen. Danach habe ich die dritte Klasse in der Grundschule wiederholt. Dann habe ich erfolgreich die Grundschule durchgezogen. Nach der Orientierungsstufe habe ich die Realschulempfehlung gekriegt.

Anfang der siebten Klasse fing meine Mutter so richtig an zu saufen. Dann hat sie alles kaputt gesoffen. Sie war dann Sozialhilfeempfängerin. Ich weiß nicht, was in ihr vorging. Sicher, davor hat sie auch schon getrunken, aber nicht gesoffen. Sie hat dann zusammen mit meinem Stiefvater getrunken, der jetzt im Gefängnis sitzt wegen versuchten Mordes an meiner Mutter. Das habe ich gut verkraftet. Ich wusste, dass das mal passieren wird. Er war schon davor im Knast wegen Körperverletzung. Ich habe zu meiner Mutter gesagt, dass ich nicht mehr mit ihm zusammen leben will.

Wir haben zusammen mit meinem Stiefvater in Tenever in einer Wohnung gelebt. Es gab jedoch viele Streitereien zwischen den beiden. Dann sind mein Bruder und ich einfach raus aus der Wohnung und sind irgendwann in der Nacht wieder zurückgekommen, wenn sie sich wieder beruhigt hatten. Wir haben dann Streifzüge in der Nacht unternommen. Das war ganz lustig. Wir haben viel zusammen erlebt.

Sie waren erst verlobt, dann kam er ins Gefängnis wegen seiner ersten Körperverletzungsgeschichte. Meine Mutter wollte ihn trotzdem heiraten und hat es auch gemacht, obwohl er sie ziemlich übel zugerichtet hatte. Sie war deshalb auch im Krankenhaus. Es waren brutale Szenen. Einige davon habe ich gesehen und die lagern wirklich in meinem Hirn.

Eine gute Ablenkung war da auch der Sport. Ich spiele Fußball. Wenn man abends zum Training ging, konnte man alles vergessen. Wenn ich danach wieder vor der Haustür stand und die Schreierei hörte, habe ich mich umgedreht und die Tür erst gar nicht aufgeschlossen.

Der Hauptgrund der ständigen Streitereien war das Geldproblem. Meine Mutter warf ihm vor, dass er nicht genug arbeiten würde. Er warf ihr vor, dass sie alles versaufen würde. Es lag an beiden.

Er hatte mal einen tollen Job, den hatte er nur einen Tag. Dann ist er nicht mehr dort hingegangen. Er konnte etwas aus seinem Leben machen, doch er hat es nicht gemacht. Er hat eine kleine Geistesstörung in seinem Hirn.

Wie gesagt, er kam dann in den Knast. Als er dort wieder rauskam, haben sie geheiratet. Und ich hatte darauf keinen Bock. Trotzdem muss ich sagen, dass ich meine Mutter lange nicht mehr so glücklich gesehen hab wie bei der Hochzeit. Ich habe mich für sie gefreut. Doch ich wusste auch, dass das nicht gut geht. Nun sitzt er wieder. Ich weiß nicht wie lange, das ist mir aber auch schnurzegal.

Sie sitzt jetzt in einer kleinen Bude in Tenever mit ihren Kötern und meinem kleinen Bruder und säuft sich voll. Sie erzählt mir, dass sie arbeiten geht. Das glaube ich aber nicht. Sie hat schon so viel erzählt und es stimmte meist doch nicht. Ich weiß nicht, warum sie so viel Mist erzählt. Entweder hat der Alkohol ihr Hirn schon zerfressen oder sie lebt in einer Scheinwelt. Vielleicht arbeitet sie ja wirklich. Aber es ist mir auch egal.

Manchmal mache ich mir Gedanken um meinen kleinen Bruder. Der verkommt dort. Er geht auf den Kinderstrich am Bahnhof. Er hat oder hatte viel mit Drogen zu tun. Er ist 14. Wir haben ab und zu Kontakt. Meine Mutter hat kein Telefon, weil sie sich das auch nicht leisten kann. Und mein Bruder wohnt dort in einem heruntergekommenen Zimmer. Er könnte aus dem Zimmer etwas machen, doch er hat keine finanzielle Unterstützung von seiner Mutter, von unserer Mutter. Das Kindergeld geht fürs Saufen drauf. Der Kühlschrank ist meistens leer. Bier ist jedoch immer drin. Wenn man abends Hunger hatte, war oft nichts da. Strom hatten wir nicht lange, dann wurde der abgedreht, weil sie die Rechnung nicht bezahlt hatte. Ohne Strom ist zwar mal lustig, doch mit der Zeit geht einem das auf den Sack.

Früher haben wir schon mal was unternommen, auch wenn's nur Einkaufen war. Das hat einen manchmal schon erfreut. Das Einkaufen war ein kleines Erlebnis, weil wir etwas miteinander unternommen haben. Später jedoch saß sie nur noch herum und war am Saufen und Meckern und beklagte sich, dass wir ihre Ehe kaputt gemacht hätten.

Sie hatte auch schon Selbstmordversuche hinter sich, bevor sie unseren Stiefvater kennen lernte. An eine Szene kann ich mich noch ganz genau erinnern. Da lag sie im Schlafzimmer mit Schlaftabletten in der Hand und sagte, dass sie keine Lust mehr habe. Da hab ich sie angeguckt und ihr ins Gesicht gesagt, das solle sie doch machen. Das hat sie denn doch nicht gemacht. Wahrscheinlich ist sie so, dass sie viel redet, aber doch nichts macht. Ich hatte einfach keine Lust mehr, mich so mit ihr zu beschäftigen. Das habe ich oft genug gemacht. Sie hat mir die Nächte geraubt. Nachts lag ich oft mit meinem Bruder wach im Bett und wir konnten nicht schlafen. Wir dachten immer, wann gehen die Streitereien mit unserem Stiefvater wieder los. Mein Bruder schlief schon in Hosen, damit wir gleich rauslaufen konnten, wenn der Streit beginnt. Solche Nächte sind einfach hängen geblieben. Meine Mutter schrie auch sehr gern. Natürlich auch, wenn er wieder auf sie losging. Einmal schrie sie, weil sie sich nur erschrocken hat. Wir sind zusammengezuckt. Wenn es so ist, dass wir schon bei einem Schrei zusammenzucken, dann würde ich sagen, ist es höchste Zeit zu gehen.

Einmal ist mein Stiefvater im Blutrausch auf meine Mutter los. Na ja, er wollte einfach unmögliche Dinge. Er wollte ihr mit dem Löffel die Augen ausdrücken.

Den Kopf von ihr hat er in die heiße Suppe getunkt. Ein paar Zähne hat er ihr rausgeschlagen. Dann sind wir zu den Nachbarn gegangen, mit denen sie gut befreundet waren und mit denen sie öfter in der Kneipe einen saufen gegangen waren. Sie haben die Polizei angerufen, damit sie diesen Typen abholen konnten. Meistens kamen sie dann auch. Einmal war er eine Nacht in der Ausnüchterungszelle und am nächsten Morgen war er wieder da. Dann haben sie sich ausgesprochen und wieder vertragen. Friede, Freude, Eierkuchen. Nach einer Woche ging es wieder los. Dann war er für eine Woche im Gefängnis. Dann kam er wieder raus. Dann haben sie geheiratet. Nun sitzt er endgültig.

Die Kinder haben ihr gesagt, sie soll die Finger von diesem Mann lassen. Ich weiß nicht, vielleicht meint sie, dass sie so alt ist, dass sie nie wieder einen Mann findet. Ich weiß nicht, was in ihrem Kopf vorging. Oder ob es vielleicht wirklich Liebe war? Sie ist ungefähr 48 Jahre alt. Er ist aber wesentlich jünger als sie.

Mein kleiner Bruder wohnt immer noch da. Er ist die meiste Zeit unterwegs. Ich treffe ihn zumeist am Bahnhof oder sonst wo. Ich ruf ihn manchmal an auf einem Scall. Da kann er sehen, wer angerufen hat und dort kann man auch Nachrichten hinterlassen. So kann ich immer Kontakt mit ihm aufnehmen. Häufig mache ich das nicht, aber am Wochenende. Ich war jetzt in den vergangenen zwei Wochen mit ihm auf Partys. Seitdem ich bei den Pflegeeltern lebe, habe ich so viele Leute kennen gelernt, so viele habe ich in den 15 Jahren davor nicht kennen gelernt. Da habe ich ihn einfach mit auf Partys genommen. Er war auch sehr beeindruckt. Da gabs immer etwas zu trinken und zu essen. Da hat er kein Geld gebraucht. Sicher, er trinkt schon Bier, aber er säuft nicht. Nur auf Partys trinkt er was. Und das gehört da einfach dazu.

Mein leiblicher Vater soll wohl derselbe Vater sein wie von meiner älteren Schwester. Sie ist schon sehr früh ausgezogen. Mit 16 ist sie mit ihrem Freund zusammengezogen. Ob mein angeblich leiblicher Vater auch mein Vater ist, bin ich gar nicht sicher. Ich habe da mal eine Geschichte von meiner Großmutter gehört. Meine Mutter ging früher mal auf Reisen, auf Kreuzfahrtschiffen. Sie hat viel von der Welt gesehen. Und da soll sie mal ein Verhältnis gehabt haben mit irgendeinem Typen. Dann soll sie wieder an Land gekommen sein zu ihrem damaligen Freund oder Verlobten, der der Vater meiner Schwester ist. Sie war schwanger und er sagte: Das kann aber nicht von mir sein. Er hat also erst die

Vaterschaft abgestritten. Ob er sie noch angenommen hat, weiß ich nicht. Jedenfalls steht in meiner Geburtsurkunde keine Angabe über meinen Vater. Aber es interessiert mich auch nicht.

Warum soll ich ihm hinterhersuchen, wenn er von mir gar nichts will. Außer wenn ich ihn mal zufällig kennen lernen sollte, kriegt er von mir eine aufs Maul. Ja - Wut ist da schon. Wenn man ohne Vater aufwächst, verliert man schon was. Wenn ich bei einem Kumpel bin und die ganze Familie sehe, mit einem Vater, dann kommt da schon ein kleiner Schmerz hoch, weil man die Erfahrung nicht machen konnte. Ich hab früher häufig bei einem Freund geschlafen. Bei denen wollte ich aber nicht bleiben, weil sie in Tenever waren, und in Tenever wollte ich grundsätzlich nicht bleiben. Ich habe gesehen, dass man dort keine gesellschaftlichen Aufstiegschancen hat. Wenn man stark ist, kann man da rauskommen. Doch ich glaube, wenn ich weiter dort gewohnt hätte, hätte ich es nicht geschafft. Die Umgebung, die Leute lassen einem keine Chance. Ich habe die Leute gesehen, die in Tenever aufgewachsen sind. Die hängen wirklich an der Flasche. Das ist natürlich ein grundsätzliches Problem in sozial schwachen Ballungsgebieten.

Ich habe die Pflegefamilie, wo ich jetzt bin, durch einen Freund kennen gelernt. Ich hatte ihn dort besucht und meinte aus Scherz zu meiner jetzigen Pflegemutter, ob dort nicht ein Zimmer für mich frei wäre. Da hat sie mich gefragt, ob das ernst sei. Ich habe ihr von meiner misslichen Lage erzählt. Von da an war mir klar, dass ich rausgehe.

Am nächsten Tag ging ich zu meiner Mutter und hab sie gefragt, ob ich ausziehen könnte. Und sie sagte Ja, wenn ich wüsste wohin. Sie war grade auf dem Weg zum Einkaufen. Es waren Sommerferien und ich war schon drei Wochen bei meinem Freund in der Pflegefamilie. Sie hat das ganz ruhig zu mir gesagt.

Dann mussten wir mit dem Jugendamt alles regeln. Da hat mir meine Pflegemutter viel dabei geholfen. Der erste Sozialarbeiter vom Jugendamt, mit dem ich gesprochen hatte, sagte mir, dass es nicht möglich sei: Eure Familie ist davor noch nicht aufgefallen. Da könnte man nichts machen. Muss man denn erst auffallen, um raus zu können? Ich sagte zu ihm, dann würde ich auf der Straße übernachten und die Verantwortung müsse er übernehmen. Durch Druck und weil dieser Sozialarbeiter in Urlaub gegangen war, hat es doch noch geklappt.

Die konnten das nicht verantworten. Der Satz „Die Familie ist vorher nicht aufgefallen" hat mich auch zur Weißglut gebracht. Ich bin dann gleich in der Pflegefamilie geblieben. Zu Hause habe ich nur noch ein paar Klamotten geholt. Ich habe nur ein paar Hobbysachen mitgenommen. Das meiste habe ich dort gelassen. Es war nicht viel, aber ich wollte es nicht mitnehmen.

In den ersten Tagen in der Pflegefamilie haben wir viel unternommen. Ich habe mich erst einmal eingelebt. Jetzt leben wir zu viert wie in einer intakten Familie. Jetzt läuft es wieder.

Wir hatten schon ab und zu mal Streit. Die Pflegemutter droht auch öfter mit Rausschmiss, aber rausgeschmissen hat sie noch niemand.

Wenn ich die Chance sehe, dass ich Geld unterschlagen kann, dann mache ich das auch. Einmal hatte ich 90 DM für eine Trainingslagerfahrt bekommen und ich habe den Bus verpasst. Es war Freitagmittag. Das Wochenende stand vor der Tür und ich hatte 90 DM in der Tasche. So, was mache ich jetzt? Gehe ich nach Hause oder haue ich das Geld mit einem Kumpel auf den Kopf? Leider hat der Betreuer angerufen und gefragt, wo ich war. Ich musste das Geld von meinem Taschengeld zurückbezahlen und es gab einen Vertrauensknacks zwischen meiner Pflegemutter und mir. Ein anderer Konflikt ist, wann ich nach Hause komme. Früher in Tenever war es so, dass mein Bruder und ich auch um zwei Uhr nachts losgegangen sind und um fünf Uhr morgens wieder zurückgekommen sind. Also mit 13, 14 Jahren. Damit bin ich aufgewachsen, und nun muss ich wochentags um zehn Uhr zu Hause sein. Da bin ich erst gar nicht mit klargekommen. Jetzt geht es eigentlich. Ab und zu weist sie mich darauf hin, wie spät es ist, wenn ich zehn Minuten zu spät gekommen bin. Sie meint, es gehe ihr ums Prinzip. Pünktlichkeit muss sein. Mit dieser Regel habe ich etwas Schwierigkeiten, doch die Regel wurde ja nicht von ihr aufgestellt, sondern steht im Jugendschutzgesetz. Und sie hält sich daran, weil sie auch besonders vom Jugendamt beäugt wird. Wenn ich sehe, dass zwölfjährige Gören noch um drei Uhr nachts herumlaufen oder Freunde noch in die Disco gehen, dann ist das schon hart.

Mein Pflegevater versucht mehr, das Intellektuelle in mich reinzukloppen. Er interessiert sich sehr für Geschichte. Und das ist ein Schwachpunkt bei mir in der Schule. Mit ihm verstehe ich mich ganz gut, da habe ich keine Probleme.

Ich schätze nicht nur, dass ich mich mit einem Mann zu Hause auseinander setzen kann. Ich bewundere ihn auch. Über sein Wissen und seine Intelligenz bin ich ganz erstaunt. Das imponiert mir. Mein Pflegevater ist wohl eher ein verantwortlicher Kumpel. Und er will jetzt auch wieder arbeiten gehen. Er hat jahrelang für Nestlé gearbeitet und ist dann in Rente gegangen. Ein Freund von ihm hat einen kleinen Zeitschriftenladen. Und der will auch mal in Urlaub fahren. Er hat mir heute stolz berichtet, dass er dann dort arbeiten wird.

Und sie ist eine Mutter. Das genieße ich auch. Sie ist eine pure Mutter. Sie arbeitet viel zu Hause und hat sich jetzt selbständig gemacht. Meine Pflegemutter hat sich zu Hause ein Büro eingerichtet. Manchmal denke ich schon, so wie ich mit ihr reden kann, so eine Mutter hätte ich gerne gehabt. Nur mit dem frühen nach Hause kommen - das hätte ich gerne nicht.

Manchmal möchte ich meinen Bruder von meiner Mutter rausholen. Meine Pflegemutter hat sich auch Gedanken darüber gemacht. Sie kennt ihn noch von einem anderen Pflegesohn, weil wir alle drei befreundet waren. Allerdings waren die beiden mal alleine in der Wohnung und haben Geld von meiner Pflegemutter geklaut. Das ist ein Ereignis, das sich bei ihr festgesetzt hat. Seitdem war er nie wieder im Haus und hat Hausverbot bekommen. Sie hat sich trotzdem Gedanken gemacht, wie sie den Kleinen hier integrieren kann. Und hat aber dann auch gesagt, dass sie glaubt, dass er doch für sie eine Nummer zu groß ist. Als hier mal eine Zeit lang ein Zimmer frei war, habe ich auch gedacht, dass ich ihn von zu Hause rausholen kann. Den Gedanken habe ich im Moment wieder abgelegt. Aber manchmal denke ich, so kann es mit ihm nicht weitergehen. Ich muss ihm helfen. Er ist schließlich mein kleiner Bruder.

Da fehlt mir auch die Macht dazu, dass ich da was machen kann. Das Jugendamt kennt ihn mittlerweile in- und auswendig. Er war monatelang nicht zu Hause. Er hat mit Kumpels auf der Straße gepennt. Er war in Hamburg. Eine Zeit lang habe ich gar nichts von ihm gehört. Seine Mutter wusste nicht, wo er war. Meine Schwester auch nicht. Jetzt sehe ich ihn hin und wieder mal.

Mich hat es damals gelockt, dass mein Kumpel von zu Hause wegkam und eine Pflegefamilie fand. Ich weiß aber nicht, ob es meinen Bruder auch lockt. Ich kann es mir aber gut vorstellen. Schon allein wegen den Sachen, die ich habe. Er sieht jetzt, wie ich mich kleide. Es sind Markenklamotten, die ich trage. Und die hätte er auch gerne. Ich schenke ihm jetzt auch ab und zu ein paar alte Klamotten von mir. Darüber freut er sich riesig. Das finde ich ganz gut, dass ich ihm wenigstens ein bisschen helfen kann. Wenn wir zusammen sind, unternehmen wir lieber was und reden nicht über unsere Situation. Wenn ich ihn frage, wie es Mutter geht, sagt er, sie säuft vor sich hin. Geht sie arbeiten? Dann sagt er Ja. Aber ich glaube ihm das nicht. Ich habe meine Mutter vor kurzem gesehen und weiß, in welchem Zustand sie ist. Ich kann mir nicht vorstellen, wie man in diesem Zustand arbeiten kann.

Als ich neulich dort war, wollte ich ihr gar nicht über den Weg laufen. Ich wollte nicht, dass das Gequatsche losgeht. Vom Putzen hält sie auch nichts mehr. Sie hat jetzt zwei Hunde. Die kacken in die Wohnung. Meine Schwester hat vor kurzem geheiratet. Sie wollte ihr das sagen und hat sie in ihrer Wohnung besucht. Meine Schwester musste sich die Hand vor den Mund und die Nase halten. Es stank so, dass sie wieder rausging.

Sie fragt mich schon noch, wie es mir geht, was ich so mache, wie es in der Schule so ist. Wenn ich ihr sage, dass in der Schule alles gut läuft, glaubt sie mir das nicht. Warum sie mir nicht glaubt, weiß ich nicht. Wahrscheinlich denkt sie, ich habe nichts im Kopf. Als meine Schwester ausgezogen ist und ich mit meinem Bruder stritt, sagte sie, dass mein Bruder was im Kopf hat. Und dass er etwas aus seinem Leben machen könnte. Aber ich wäre zu dumm dafür. In technischen Dingen ist er wirklich begabter als ich. Aber in der Intelligenz bin ich eindeutig überlegen. Jetzt verletzen mich solche Sprüche meiner Mutter nicht mehr. Das geht mir am Arsch vorbei. Die Frau kann mich nicht mehr verletzen, sie hat mich oft genug verletzt.

Einmal ist meine Mutter von meiner Pflegemutter eingeladen worden. Wir saßen im Wohnzimmer und haben uns unterhalten. Ich weiß nicht mehr, ob sie nüchtern war. Ich habe keine Fahne gerochen. Da meine Pflegeeltern wussten, dass meine Mutter sich täglich besäuft, wäre es mir auch nicht peinlich gewesen.

Ich bin in der zehnten Klasse in der Realschule. Mein letztes Jahr. Wenn ich meinem früheren Sonderschullehrer erzählen könnte, dass ich bald Realschulabschluss habe, würde er mir das nicht glauben. Dabei hätte ich beinahe sogar noch eine Gymnasiumempfehlung bekommen. Doch aufgrund meiner Aktivitäten auf dem Schulhof hat man das gelassen. Nach der Realschule will ich

Fachabitur in der Schule für künstlerische Gestaltung machen. Ich will Grafik und Design studieren und später in der Werbebranche arbeiten oder was sich sonst mit diesen Fächern anbietet.

Ich habe keine Schwierigkeiten Mädchen kennen zu lernen. Früher hatte ich da schon Probleme, auch vom Finanziellen her gesehen. Es war mir auch unangenehm, wenn ich mal jemand eingeladen hab und meine Mutter hat die Bude nicht sauber gemacht. Da war bei mir so eine Sperre. Im ersten Jahr in der Pflegefamilie hat meine Pflegemutter einen Schock gekriegt, welche Mädchen ich mitbringe. Es wechselte im Wochenrhythmus. Jetzt bin ich seit viereinhalb Monaten in einer festen Beziehung.

Stolz bin ich schon, dass ich aus Tenever und dem Umfeld rausgekommen bin. Ich glaube, ich wäre dort zu Grunde gegangen. Jetzt kann ich mich an meiner Schwester orientieren. Wäre ich in Tenever geblieben, müsste ich mich an meiner Mutter orientieren.

Ich kann mich nicht erinnern, dass meine Mutter uns aus einem Buch vorlas. Sie hat uns mal Salzstangen ans Bett gebracht, aber auch nur nach Aufforderung. Das war dann immer ein kleines Geschenk. Ich kann mich noch an ein Buch erinnern „Konferenz der Tiere". Da war ich noch ziemlich klein. Ich kann mich nicht mehr genau an die Geschichte erinnern, nur dass die Tiere überall waren. Ach, ich weiß nicht mehr, aber das Buch hatte einen ungewöhnlichen Geruch. Das war ein ganz eigener Geruch. Ich kann es nicht beschreiben.

Es gab mal ein Märchen. Das war ein bisschen unheimlich. Das hat mich ein bisschen fasziniert. Ich weiß aber nicht mehr, was für ein Märchen es war. Es war eine Stadt. Um die Stadt war eine große Mauer, über die keiner rübergucken konnte. Irgendwann tauchte dann mal ein Haus mit Dachfenstern auf, das aber zugestellt war. Da guckte man rüber und dort war ein riesiger Garten mit Bohnen. An dieses zugestellte Fenster kann ich mich noch erinnern. Versteckte Dinge interessieren mich immer. An zugemauerten Fenstern hat mich immer gereizt zu sehen, was dahinter ist. Meine Großmutter wohnte in einem Dorf, dort gab es eine kaputte Burg. Dort konnte man auf einen Turm, der früher aber wesentlich höher war. Ich hab mich gefragt: Was war da früher, warum kann man da nicht mehr hoch? Ruinen, Burgen, Schlösser interessieren mich sehr. Alles, was früher mal war und jetzt nicht mehr ist. Das fasziniert mich.

Geschichte im Schulunterricht interessiert mich nicht so. Das ist mir einfach zu flach.

Ich lese nicht viel und meistens dann auch nicht zu Ende. Was mich interessiert, ist Ufologie. Am Wochenende wollte ich mit meinem Pflegebruder zum Film „Independence Day". Doch das Kleingeld hat gefehlt. Es war aber auch ausverkauft. Ich habe Freunde in der Klasse, da macht es einfach Spaß, über die Weltanschauung zu diskutieren. Oder über die Entstehung der Menschheit zu debattieren. Da hat jeder eine andere Meinung. Ich habe jetzt einen Freundeskreis, da wird ständig über philosophische Dinge diskutiert. Neulich haben wir drei, vier Stunden über Ufologie und die Entstehung der Menschheit geredet und sind zum Schluss gekommen, dass wir Menschen Mutanten sind. Weil wir das Endprodukt aller Lebewesen sind.

Ich kann mich erinnern, dass ich sehr glücklich war, als wir mit Werder am letzten Spieltag drei zu zwei gewonnen haben und deshalb Meister geworden sind. Und ich hab dabei alle drei Tore geschossen. Da hab ich mich wie der King gefühlt. Das war ein toller Tag. Vor allem war ich kurz vor der Halbzeit angeschlagen. Knöchel war umgeknickt. Dann bin ich bis zum Schluss durchgehumpelt und hab trotzdem noch zwei Tore gemacht. Schöne Tage hängen bei mir immer mit meiner Sportart zusammen. Ich würde gerne Fußball zu meinem Beruf machen, aber ich glaube nicht, dass die Chance dazu besteht.

Ich hab ein neues Leben angefangen. Ich vermisse meine alte Gegend nicht. Die Leute, mit denen ich dort Stress hatte, habe ich einfach zurückgelassen. Ich bin dort weg, ohne mich großartig zu verabschieden. Ich hab jetzt einen ganz neuen Freundeskreis. Vom Verhalten her hab ich jetzt auch andere Freunde. In Tenever war der größte Teil meiner Freunde damit beschäftigt, Autos aufzuknacken, Garagen aufzuknacken, in Keller einzubrechen, Schaufenster einzuschlagen und was weiß ich. Alle kriminellen Dinge waren in Tenever sehr großgeschrieben. Das ist zwar in meinem neuen Freundeskreis auch noch so, aber nicht in meinem engen Freundeskreis. Dort sind Fußballspielen, Beschäftigung mit Computern oder andere Dinge wichtig.

Am Computer mach ich gern Fußballsimulation. Bei diesem Spiel kann man einen eigenen Fußballverein managen. Damit kann ich mich tagelang beschäftigen. Mich reizt daran, eine Mannschaft aufzubauen und damit Erfolg zu haben. Der Erfolg ist nicht real, aber er wird ziemlich real dargestellt. Fußball war in meinem bisherigen Leben ein großer Halt. Um einfach von zu Hause rauszukommen. Ich habe früher bei Werder gespielt und konnte in einen anderen Stadtteil fahren. Erst kurz vor der Haustür kam dann das alte Leben wieder zurück. Auf dem Fußballplatz konnte ich alles vergessen.

Ich habe mich entschieden, dass ich im Frühjahr ausziehen werde. Einmal muss man ja anfangen, selbständig zu werden. Wenn ich Schwierigkeiten habe, kann mir meine Schwester helfen. Ich werde in das Hochhaus ziehen, in dem meine Schwester auch wohnt. Meine Schwester hat schon viel Erfahrung mit Alleinewohnen. Sie ist mit 16 ausgezogen. Sie wohnt noch alleine. Da sie geheiratet hat, wird sie irgendwann mit ihrem Mann in eine größere Wohnung ziehen. Ihr Mann lebt noch in Afrika.

In diesem Hochhaus gibt es schöne Einzimmerwohnungen. Und eine schöne Aussicht auf den Hafen. Ich liebe Städte bei Nacht. Und wenn ich dort nachts aus dem Fenster gucke, ist das unglaublich. Überall Lichter. Ich habe in meinem Zimmer auch überall Poster von New York und anderen Großstädten bei Nacht. Das ist ein Tick von mir. Ich bin einfach ein Nachtmensch. Ich finde, nachts pulsiert das Leben. Zumindest in der frühen Nacht.

In diesem Haus sind ständig Wohnungen frei. Also werde ich dort auch etwas finden. Dort ist ein Kommen und Gehen. Das Schöne ist, dass ich dann frei für mich entscheiden kann. Zurück werde ich nicht mehr gehen. Da bin ich mir ganz sicher. Da müsste ich einen Schritt zurückgehen und den würde ich nicht machen.

Dieses eine Jahr noch früh aufstehen, ist mir schon wichtig. Der Schulabschluss ist doch ein wichtiger Baustein im Leben. Ich sehe Arbeit nicht als besonders wertvoll an. Es ist wohl notwendig, in der Gesellschaft zu arbeiten, aber ich steh da nicht so drauf. Morgens aufstehen, Woche für Woche dasselbe machen, und wenn du Glück hast, kommste mal in Urlaub. Nein danke. Mein Problem bei der Arbeit wäre aber auch, dass ich nicht gern mit fremden Menschen kommuniziere. Das geht höchstens am Telefon. Ich bin ein stiller Mensch, der am liebsten gar nichts sagt. Gut, wenn ich einen Job habe, der mir Spaß macht, komme ich morgens auch aus dem Bett. Geld ist mir sehr wichtig. In dieser Gesellschaft ist Geld einfach wichtig.

Ich kann die Leute gut an mich heranlassen. Ich bin ein Mensch, der Vorteile für sich beansprucht. Wenn ich einen Menschen kennen lerne, der gute Kontakte hat, versuche ich mit dem ins Gespräch zu kommen, um gute connection zu haben. Gute connection kann mir in meinem Leben mal behilflich sein. Das weiß ich halt.

Meine Lage ist schon anregend für andere. Doch die meisten wollen nur ausziehen, weil sie Stress mit ihrer Mutter haben. Wenn Leute Ärger mit ihren Eltern haben, empfehle ich ihnen nicht, wegzugehen. Sie sollen sich in Ruhe mit ihrem Vater oder ihrer Mutter besprechen. Stress mit den Eltern ist kein Grund auszuziehen. Konflikte kann man regeln. Nur in meiner Situation gab es nichts mehr zu regeln.

Eine Traumfrau hab ich eigentlich nicht. Es gab mal ein Mädchen, der hab ich ziemlich lange hinterhergeweint. Das hätte beinahe geklappt. Nun bin ich glücklich mit meiner Freundin. Wenn ich mal heiraten sollte, dann geht meine Frau arbeiten und ich mache den Haushalt. Es ist mir immer noch angenehmer als irgendwo zu arbeiten. Kinder möchte ich erst haben, wenn es finanziell keine Probleme gibt. Ich kann mit Kindern gut umgehen. Beim Fußball trainiere ich auch die fünf- bis sechsjährigen Kinder. Also, mehr als drei Kinder sollen es nicht werden. Ein Junge und ein Mädchen reichen eigentlich schon. Ich werde sie natürlich anders erziehen als ich es erlebt habe. Ich werde später mit meinen Kindern mehr Kompromisse schließen und feste Regeln setzen.

Ich habe heute mit meiner Schwester darüber geredet, wie es für uns wäre, wenn sich unsere Mutter totsaufen würde. Ich hab sie gefragt, wie lange die Frau das noch macht. Sie meinte: Noch drei Jahre. Uns ist klar, dass wir für die Beerdigung aufkommen müssen. Das muss man doch. Wir werden schon die günstigste Lösung finden. Aber ich glaube, es ist besser für sie, wenn sie nicht mehr so lange lebt. Gegen das Saufen kann sie nichts mehr machen. Entzug hält sie nicht durch. Und wenn sie stirbt, finde ich das auch nicht so schlimm. Ich werde zwar traurig sein, denn wir hatten auch schöne Zeiten. Doch ich weiß auch, dass ich ihren Tod schnell überwinden würde. So eng steh ich mit ihr auch nicht mehr in Kontakt.

Bevor sie mit unserem Stiefvater zusammen war, waren wir auch mal zusammen in Freizeitparks. Oder wir waren in Bremerhaven. Dort hat ein großes Schiff angelegt, das wir dann besichtigt haben. Das war auch ein tolles Erlebnis.

Oder wenn sie mal zu einem Fußballspiel von mir zum Zugucken kam, das fand ich auch schön. Das hat sie nicht häufig gemacht, aber ab und zu schon. Ich träume immer noch davon, dass meine Mutter mich einmal bei ran in SAT 1 Fußballspielen sehen könnte. Profifußballer zu sein, ist mein großer Traum.

Frederike, 14 Jahre

Ich will meine leibliche Mutter sehen, ohne meine Eltern zu verlassen

Ich hab meiner Mutter beim Fußballspielen zugeguckt und habe gedacht, dass macht bestimmt Spaß. Ich bin ein paar Mal mit hingegangen, aber es hat sich rausgestellt, dass sie nur eine Jungenmannschaft haben. Bis zur E-Jugend darf man in der Jungenmannschaft mitspielen und danach wechselte ich zur Mädchenmannschaft. Bei Mädchen ist es so, dass man nicht nach dem Alter geht. Wer gut spielt, ist in der A-Gruppe und wer nicht gut spielt, ist in der B-Gruppe. Ab 18 Jahren geht man dann zu den Damen.

Ich habe mit sechs, sieben Jahren angefangen Fußball zu spielen. Ich hab schon als kleines Kind immer die Scheiben kaputt gehauen, da wurde ich dann zum Krabbelturnen geschickt. Da hab ich dann aber auch immer Fußball gespielt und nun spiele ich richtig. Fußballspielen fand ich immer ganz toll.

Wenn man bei uns neu in der Klasse ist, wird immer erst erzählt, welche Hobbys man hat, wie alt man ist und was man macht. Wenn ich sage, dass ich Fußball spiele, sagen sie alle: Oh, du spielst Fußball. Mädchen können doch kein Fußball spielen. Zumindest die Jungs sagen das. Die Mädchen sagen, dass Fußball etwas rabiat ist, aber sonst ist es ok. Meine Freundin spielt zwar kein Fußball, aber sie ist Fußballfan. Sie begleitet mich zum Fußball. Es reizt mich schon, als Frau später auch Fußball zu spielen, doch ich weiß noch nicht, ob ich dann noch Lust dazu habe. Eine Zeit lang hab ich im Tor gespielt. Am liebsten spiele ich in der Abwehr rechts. Wir trainieren am Mittwoch und am Freitag. Punktspiele sind am Samstag oder am Sonntag. Augenblicklich sind wir Erster. Darauf bin ich ganz stolz.

Mama hat mal gesagt, dass ich nur einen Tag im Heim war. So genau weiß ich das aber nicht. Jedenfalls bin ich schon als ganz kleines Kind adoptiert worden. Ich bin Bremerin, das glaube ich jedenfalls. Kinder kommen doch vom Storch! Also ich kann mich nicht an Fragen erinnern, die ich meiner Mutter im Kindergartenalter gestellt habe. Meine kleinen Geschwister fragen meine Mutter immer: Ich komm doch aus deinem Bauch, Mama? Ich kann mich erinnern, dass ich früher die Zahnpasta aufgegessen hab. Wir hatten immer so eine kleine Tube Zahnpasta, die war so rosa und mit Glitzerkram dabei.

Es war nur einmal in der Schule, als wir gefragt wurden, ob wir adoptiert sind oder nicht. Ich habe noch eine Freundin, die Pflegekind ist. Da haben wir ein bisschen erzählt. Ich hab da ganz normal erzählt, dass ich adoptiert bin. Dann haben viele gesagt: Du bist adoptiert? Du siehst doch deiner Mutter so ähnlich. Meine kleine Schwester Caroline sieht mir so ähnlich, auch auf den Babyfotos sieht sie genauso aus wie ich. Das sagen alle. Oder sie sagen, dass meine Mutter das gleiche Kind noch einmal gekriegt hat. Da muss ich schon ein bisschen grinsen. Dazu sage ich aber nichts. Wenn man mit zehn erst zu seinen Eltern kommt, ist es etwas anderes als wenn man schon mit zwei, drei Wochen zu seinen Eltern kommt. Dann kennt man nur die Eltern, die man jetzt so sieht. Wenn man erst mit zehn zu seinen neuen Eltern kommt, dann denkt man wahrscheinlich immer, das sind nicht meine richtigen Eltern. Also ich finde, Mama und Papa sind meine richtigen Eltern. Das ist für mich ganz klar.

Meine Freundinnen fragen mich schon mal, ob ich meine leiblichen Eltern kennen lernen will. Aber sonst sagen sie nichts dazu. Es spielt keine große Rolle. Ich antworte ihnen, dass ich sie schon gern mal kennen lernen will. Ich möchte schon mal wissen, wie sie sind. Aber im Moment fühle ich mich zu Hause ganz wohl. Wir haben ein Foto zu Hause, da kann man den Rücken und die Haare von meiner richtigen Mutter sehen. Sie ist von hinten fotografiert worden, weil ich hinter ihr gelaufen bin. Das ist ein ganz witziges Bild, weil ich darauf eine ganz lustige Figur mache. Sie muss mich demnach noch besucht haben. Ich weiß nicht, wie alt ich war, wahrscheinlich war ich ein, zwei Jahre alt. Ich hab kein Bild von ihr im Kopf. Ich weiß nur, dass sie ein grün-lila-weißes Kleid anhatte und einen blauen Hut trug. Das Bild hab ich vor sechs Jahren gesehen, aber das weiß ich noch ganz genau. Ich kann mir einige Sachen merken. Ich weiß nicht, warum sie nicht mehr kam. Doch ich hab auch nicht weiter nachgefragt. Außer diesem Bild hab ich kein Foto von ihr. Ich hätte gerne ein Foto von ihr, wo man sie richtig sehen kann.

Von meinem leiblichen Vater weiß ich überhaupt nichts. Ich würde schon gerne wissen, wie der aussieht. Aber mehr interessiert mich meine Mutter, weil man zu einem Vater nicht so viel Bindung hat wie zu einer Mutter. Wenn man seine Mutter und seinen Vater nicht kennt, möchte man wahrscheinlich immer zuerst seine Mutter kennen lernen. Es ist auch so, wenn man im Krankenhaus liegt. Als ich im Krankenhaus lag, wollte ich auch zuerst Mama sehen und nicht Papa. Ich weiß nicht warum, aber das ist bei ganz vielen so. Bei mir ist es eben auch so. Es kommt auch daher, weil ich sie so selten seh und wenn ich dann mal eine Chance hab, will ich das dann auch besonders.

Papa ist Hausmann. Als ich in der Grundschule war, hatten wir noch ein Kindermädchen. Sie hat auch immer Essen gekocht und war bis drei Uhr nachmittags da. Danach durften wir uns verabreden und abends saßen wir zusammen beim Abendbrot. Jetzt kocht Papa oder wir. Wenn man neue Leute kennen lernt und sie fragen, was Papa arbeitet, dann sage ich: Mein Vater ist Hausmann. Bitte? Hausmann, wiederhole ich dann. Und was ist deine Mutter? Richterin. Ach du Schande, ist dann die Antwort. Meistens sagen sie es, weil meine Mutter Richterin ist. Es ist auch nicht ganz so toll, eine Richterin im Haus zu haben. Mama ist für das Recht und so ist es auch zu Hause. Man guckt sonntags kein Fernsehen. Man guckt sowieso nur zweimal in der Woche Fernsehen, sonst wird man dumm. Zuerst werden die Hausaufgaben gemacht und um vier dürfen wir rausgehen. Sie ist eben ganz klar. Anders würde sie das nie machen, außer in den Ferien natürlich. Sonntags dürfen wir nicht gucken, weil es kurz vor Wochenbeginn ist. Sonntagnachmittag sitzen wir zusammen, essen Kuchen, trinken Kaffee und erzählen uns etwas. Manchmal hab ich das Bedürfnis dazu, aber manchmal hab ich auch keine Lust dazu.

Mein Vater nimmt es nicht ganz so genau. Er lässt uns meistens schon vor vier raus. Ich muss ihm aber vorher die Hausaufgaben zeigen. Das finde ich nervig, weil ich es noch einmal machen muss, wenn sie falsch sind. Dadurch wird es dann schon öfter drei oder vier Uhr. Bei meiner Mutter darf ich abends länger raus. Unter der Woche bis abends um neun Uhr und am Wochenende bis zehn Uhr. Ich darf aber nur in der Straße bleiben. Einmal durfte ich bis elf Uhr nachts weggehen. Ich finde die Lösung besser, dass Papa zu Hause ist.

Im Krankenhaus war es mir trotzdem wichtiger, zuerst Mama zu sehen. Mein Vater ist in solchen Sachen immer etwas härter. Ich soll nicht wegen jedem Kram zum Arzt rennen. Das sagt meine Mutter auch. Aber dann lag ich ja wegen Blinddarm im Krankenhaus. Und das war 'ne ganz heikle Sache. Ich hatte schon zwei Monate lang ganz tierische Bauchschmerzen. Ich war hin und weg und wusste nicht, was ich machen sollte. Ich hab sonntags zu Mama gesagt, dass ich jetzt zum Arzt gehe. Ich habe immer gedacht, dass die Schmerzen beim Fußballspielen weggingen. Ich konnte nicht mehr. Mir wurde schlecht. Ich bekam Kopfschmerzen. Dann bin ich mit meiner Mutter nach Hause gefahren. Meine Freundin ist dann mit mir zum Notarzt gefahren. Meine Mutter sagte zu mir, dass sie mir eine klatschen würde, wenn der Arzt feststellen würde, dass ich nur Blähungen hätte. Das würde sie aber nicht wirklich machen. Ich bin mit dem Fahrrad zum Arzt gefahren. Als ich dort ankam, sagte er mir gleich, dass es der Blinddarm ist, der mich schmerzt. Er fragte mich, ob ich mit dem Taxi gekommen bin. Als ich sagte, dass ich mit dem Fahrrad zu ihm gefahren bin, sagte er, dass ich eine Blinddarmentzündung habe und sofort ins Krankenhaus fahren soll. Im Krankenhaus haben sie sich auch gewundert, dass ich nicht mit dem Taxi gekommen bin. Irgendwann nach der Operation haben sie mir gesagt, dass der Blinddarm sehr schlimm entzündet gewesen wäre. Sie sagten auch zu mir, dass ich hätte tot sein können, wenn ich später gekommen wäre. Es waren schon schlimme Schmerzen, vor allem hat man immer so ein Klogehgefühl.

In der Schule ging es mir mal so schlecht, dass ich nach Hause gegangen bin. Mama hat dann gesagt, dass ich mich hinsetzen solle und was trinken und essen soll. Dann bin ich wieder zur Schule zurückgegangen, weil man nicht zu Hause bleiben darf, wenns einem schlecht geht. Man muss schon Fieber haben. Sie denken dann immer, dass es mir nicht wirklich schlecht geht. Ich muss immer erst in die Schule gehen. Manchmal sagt Mama dann: Wenns zu schlimm wird, kommst du nach Hause.

Für meine drei kleinen Geschwister ist eine Tagesmutter da, die in das Haus kommt, um die Kleinen zu versorgen. Bei meinen Freundinnen ist es ganz normal. Dort ist immer eher die Mutter zu Hause. Nur bei mir ist es umgekehrt. Das ist mir aber nicht peinlich. Besser, als wenn ich überhaupt keinen Vater hätte.

Wir haben eine in der Klasse, die erzählt immer, wie schlecht es ihrer Mutter ginge und das stimmt alles überhaupt nicht. Und dass sie einen ganz großen Lampenladen haben. Das stimmt aber auch nicht. Ich war schon oft bei ihr und sie auch schon oft bei mir. Sie labert alle voll und dadurch wird sie von den anderen angenommen, damit sie uns nicht noch weiter zulabert. Ich weiß nicht warum, aber eine Zeit lang war sie ziemlich sauer auf mich. Ich hatte etwas nicht verstanden, was sie zu mir gesagt hatte. Sie sagte nur, dass ich besser zuhören sollte und war sauer auf mich. Es ist nervig, dass sie immer andere gegen andere aufhetzt. Sie holt auch immer andere dazu, wenn sie Ärger hat. Sie weiß aber ganz genau, dass ich stärker als sie bin. Ich habe mich einmal richtig mit ihr gezofft. Das ging heiß her. Ich hab Papa erzählt, dass sie mich so abnervt. Er gab mir den Tipp, unten links anzutäuschen und oben rechts zuzuhauen. Das hab ich dann auch gemacht. Ich hab ihr unten links aufs Schienbein getreten und oben rechts die Faust ins Gesicht geballert. Da lag sie da und hat wahrscheinlich gedacht: Oh, was war das. Sie labert schon noch, aber ich sage ihr auch, dass sie mich nicht anfassen soll. Sonst passiert was. Dann nimmt sie auch die Hände weg. Ich glaube, sie muss immer was Neues erzählen, weil sie sonst in der Klasse nicht so ankommt.

In unserer Schule ist es schon wichtig, Markenklamotten zu tragen. Es ist ein richtiges Spießerspiel. Bald wechsel ich auch die Schule, weil solche Sachen nerven mich ab. Ich hab solche Markenklamotten halt nicht. Wenn ich mal die Schlaghose anhab, sagen die gleich, dass ich ein aufgeblasener Hippie wäre. Das stört mich nicht, weil ich gern Hippie wäre. Mama hat erzählt, dass die früher alle so nett gewesen wären. Jetzt wurde das Musical „Hair" gespielt und ich wäre so gern dahin gegangen. Nicht wegen der Musik, sondern wegen den Hippies. Ich hätte die Hälfte selber bezahlen müssen und meine Freundin durfte nicht mit. Dann sind wir nicht hingegangen. Hippies faszinieren mich.

Wir haben zwei achte Klassen. Wir wollten mal getrennt in Mädchen- und Jungsklassen Unterricht machen. Das haben wir eine Woche gemacht. Uns wurde es so langweilig. Wir hatten echt keinen Bock mehr. Wenn nur Mädchen zusammen sind, wird es irgendwann öde. Ich geh auch nicht zur Schule, um nur Mädchen zu treffen. Es heißt, dass Jungs die besseren Witze machen. Wenn bei uns zwei Jungs fehlen würden, Jan und Jonas, wäre die Klasse megalangweilig. Die beiden sorgen immer für Witze. Bei uns würde die ganze Klasse sagen, dass wir uns nicht in Mädchen- und Jungsklassen aufteilen sollen. Wir sitzen in der Klasse auch gemischt.

Ich rede mit meinem Bruder nicht über unsere Adoptionsgeschichte. Er gibt nur damit an, dass sein Onkel oder Opa oder wer weiß ich Amerikaner sein soll. Aber eigentlich spielt das bei uns keine Rolle, weil wir eine Familie sind. Ich hab noch drei kleinere Geschwister. Einer ist drei und die Zwillinge werden im Dezember zwei. Ich find das schon ätzend, so viele kleine Geschwister zu haben. Wir müssen leise sein. Wenn die Kleinen aufgewacht sind, ist es meistens unsere Schuld. Ich kann ja sowieso nichts dafür, dass wir so viele sind. Da können allein nur Papa und Mama was dafür. Ich hab schon gesagt, wenn jetzt noch mehr kommen, dann zieh ich aus. Manchmal nervt mich das einfach tierisch ab. Meine Schwester Caroline ist so ätzend. Sie will immer alles haben und lässt einen selber nicht in Ruhe. Wenn sie ins Bett soll, brüllt sie das ganze Haus zusammen. Nun ja, was solls. Damit muss ich noch leben. Irgendwann ziehe ich aus. Mama glaubt mir das nicht, aber ich weiß das. Ich möchte einfach mal wissen, wie es ist, alleine zu leben.

Ich bin ein ziemlicher Angsthase. Ich habe einen Film gesehen, der hieß: Interview mit einem Vampir. Gruselig. Ich konnte es nachts nicht alleine aushalten. Ich bat meinen Vater, mir zu helfen, weil ich solche Angst vor Vampiren habe. Ich finde, Vampire sehen wie echte Menschen aus. Eine Woche lang habe ich mich immer dort hingestellt, wo Sonne war, weil Vampire können keine Sonne ab. Ich wollte nie im Schatten bleiben. Dann bin ich immer schon um neun Uhr im Bett gewesen. Jetzt geht es schon wieder, aber ich habe immer noch einen tierischen Horror vor diesen Vampiren. Der Film war auch witzig. Meine Mutter war zu der Zeit mit den Kleinen auf Wangerooge. Ich habe sie nachts um elf Uhr angerufen und habe ihr gesagt, dass ich nicht schlafen kann. Sie schlug mir vor, eine heiße Milch mit Honig zu trinken. Ich sagte zu ihr, dass ich keine Milch trinken kann, sondern Blut trinken muss. Sie sagte, dass ich doch kein Blut trinken muss, weil es Vampire doch gar nicht gibt. Aber vielleicht doch? Sie sagte noch, dass es auch keine Hexen gibt. Ich hab mir auch eine Wärmflasche gemacht. Es heißt ja immer, dass Vampire keine Wärme abkönnen. Ich konnte nicht schlafen, deshalb hab ich meinen Papa geweckt. In dieser Nacht ließ er es zu, dass ich bei ihm schlafen konnte. Sonst nicht.

Ich hab vor allen Sachen Angst. Früher hab ich mit meinem Bruder in einem Zimmer geschlafen. Immer wenn was geknackt hat, bin ich zu meinem Vater hochgerannt. Dann hat sich mein Vater drei Stunden zu mir ans Bett gestellt und hat meine Hand gehalten und gewartet, bis ich einschlafe. Wenn ich kein gutes Gefühl im Bett habe, fasse ich mir an die Augenbrauen, deshalb wachsen dort keine Augenbrauenhaare nach. Dieses Fassen an die Augenbrauen mache ich schon, seit ich zwei Jahre alt war. Seitdem habe ich keine Augenbrauen. Ich glaube, dass ich kein Foto habe, auf dem ich Augenbrauen habe.

Ich glaube, dass ich im Moment Angst habe, weil es so schnell dunkel wird. Es liegt an der Jahreszeit. Wenn es jetzt Sommer wäre, würde ich gar nicht daran denken. Ich glaub, dass es keine Vampire gibt, und trotzdem hab ich Angst. Ich kann abends beispielsweise nicht durch die Straßen gehen, ohne zu laufen. Ich krieg ein Kribbeln im Bauch und muss laufen. Ich werde dann immer schneller. Mich fragen alle, wie ich so schnell werden kann. Ich muss laufen, weil ich immer Angst hab, dass jemand hinter mir ist. Es ist schon lange so, aber ich glaube, das geht noch weg. Angst ist auch ein Grund, warum ich noch nicht so schnell ausziehen will. Wenn ich mal ausziehe, fände ich eine Wohngemeinschaft schon lustig. Eine Wohngemeinschaft wär auch für mich besser, weil ich nicht so gut alleine wohnen kann. Wenn ich alleine zu Hause bin, muss ich ganz laut Musik hören, bis meine Eltern wiederkommen. Oder ich gucke die ganze Zeit Fernsehen.

Ich war schon mal beim Psychotherapeuten, weil ich beispielsweise nur einschlafen kann, wenn ich einen Teddy neben mir liegen habe. Der muss neben mir liegen, weil ich nur an der Wand liegen kann. Sonst hab ich Angst. Der Therapeut fragte mich, wovor ich denn Angst habe. Ich weiß es nicht, aber ich hab Angst, dass beispielsweise eine Hand unter dem Bett rauskommt. Ich kann abends auch nicht genau vor dem Bett stehen, weil ich Angst habe, dass jemand unterm Bett ist. Ich gehe ins Bett, indem ich von der Tür aus Anlauf nehme. Seit ich jetzt 14 bin, ist das nicht mehr so, obwohl ich auch nicht so ohne weiteres ins dunkle Zimmer alleine reingehe. Es muss schon möglichst jemand vorgehen. Ich mach immer zuerst das Licht an. Ich hab ein Hochbett und gehe zuerst nach oben und mache dort Licht an. Dann geh ich wieder nach unten und geh noch schnell aufs Klo. Dann mach ich das Licht aus, aber erst wenn ich geguckt hab, ob noch irgendwas im Zimmer ist. Die Gardinen dürfen auch nicht ganz zu sein, da muss ein Spalt offen bleiben. Damit niemand dahinter stehen kann. Ich weiß nicht, woher meine Ängste kommen. Anscheinend war das immer so.

Ich glaub, dass ich eine kleine Macke habe. Das sagen alle. Ich war nur eine Woche bei dem Psychotherapeuten. Danach hatte ich keinen Bock mehr dazu. Der hat immer das Gleiche gefragt. Das war mir auch zu langweilig. Der war sowieso ein Spinner.

Meine Mutter erzählte mir, dass die Vampirängste typische Pubertätsträume sind. Sie hat solche Träume auch immer gehabt. Meine Mutter meint, dass ich augenblicklich im Traum Angst hab zu sterben. Sie erklärte mir, was Realität und was Traum ist. Und seitdem sind die Träume nicht mehr so schlimm.

Alle fragen mich immer, ob ich denn gerne das leibliche Kind von meinen jetzigen Eltern wäre. Ich muss sagen, dass mir das eigentlich egal ist. Ich wohn jetzt hier und dann ist das eben so. Diese Fragen nerven mich aber auf Dauer.

Ich werde mal nachforschen. Ich geh irgendwann mal hin und will Mama kennen lernen. Das hab ich meiner Freundin schon gesagt. Mit ihr rede ich über alles. Ich hab auch schon gesagt, dass ich mal Adoptivkinder haben will. Ich fang vielleicht mit 17 an, etwas über meine leiblichen Eltern rauszukriegen. Vielleicht mache ich das auch heimlich, weil ich glaube, dass Mama etwas dagegen hat. Mit 18 kann sie nichts mehr dagegen sagen. Vielleicht denkt Mama dann, dass ich zu ihr will. Aber ich will gar nicht zu meiner leiblichen Mutter. Ich kenne sie doch gar nicht, aber ich denke, dass Mama ein bisschen Angst davor hat. Ich finde ihre Angst gut, weil ich weiß, dass ich ihr was bedeute. Wenn sie sagen würde, mach es doch, hätte ich das Gefühl, dass es ihr gar nichts ausmachen würde. Außerdem wäre es dann sowieso langweilig nachzuforschen.

Es reizt mich, was ich nicht darf. Wenn ich nicht Fernsehen gucken darf, gucke ich trotzdem. Ich habe auch schon gesagt, lasst mich doch Fernsehen gucken, wann ich will. Dann würde ich sowieso nur zweimal in der Woche gucken, weil es irgendwann ohnehin zu langweilig werden würde. Was verboten ist, reizt. Deshalb rauchen doch auch so viel Kinder. Ein Mädchen und ich sind die Einzigen in der Klasse, die nicht rauchen. Erstens rauche ich nicht, weil ich den Geschmack widerlich finde. Und zweitens habe ich Asthma. Ich weiß nicht, vielleicht ist es mit neun, zehn Jahren gekommen. Dann krieg ich manchmal keine Luft mehr. Dann red ich immer ganz komisch, weil ich heiser bin. Zuerst hab ich das normale Asthma Spray gehabt. Das kann ich aber nicht mehr benutzen, weil es zu wenig ist. Jetzt hab ich das ganz starke Spray. Wenn das nicht hilft, muss ich mal sehen, was ich dann schlucken muss. Ich bin bei einer Ärztin, die sagt, dass es im Sommer immer etwas schlimmer ist und im Winter wird es wieder etwas besser.

Manchmal brech ich in in Panik aus. Ich bin berühmt für meine Panik. Einmal habe ich Fußball gespielt. Da hatte ich mein Asthma Spray nicht mit und nichts. Dann bin ich mitten auf dem Feld umgekippt. Ich musste mich hinlegen, weil ich keine Luft mehr gekriegt hab. Das ist aber falsch, weil man sich hinstellen muss und dabei die Arme hochhalten muss. Das weiß ich eigentlich. Sie haben mich vom Fußballplatz nach Hause gebracht. Zu Hause musste ich erst einmal in die Badewanne in kaltes Wasser. Ich musste dann noch mein Asthma Spray nehmen und dann ging das auch schon wieder. Das war für mich schon ein ganz großer Schock. Einmal musste ich direkt vom Krankenhaus zum Arzt. Da hatte ich Asthma und ich hasse dieses Asthma Spray und ich habe es genommen und auf den Boden geworfen. Dabei ist es dann kaputt gegangen. Deshalb musste ich eben zum Arzt, weil ich es brauchte.

Wenn ich Asthma habe, kriege ich Angst und atme schneller und noch schneller. In meiner Klasse unterstützen sie mich alle in dieser Situation. Sie sagen dann immer, dass ich Winken soll. Und wenn sie merken, dass ich keine Luft kriege, rennen sie immer los und holen mein Asthma Spray. Bei mir ist es so, wenn ich mich aufrege, wird es immer schlimmer. Dann reg ich mich noch mal auf, weil ich mich so aufgeregt hab. Ich denk dann, vergiss es und nehme mein Spray. Und dann ist alles ok.

Ich hab noch Neurodermitis. Ich hatte es an den Händen, deswegen hab ich auch ganz raue Hände. Eigentlich ist alles weggegangen. Man sieht es nicht mehr. Aber man kann es noch fühlen. In Frankreich im Salzwasser geht das weg. Wenn ich aus dem Salzwasser komme, brennt das ganz doll. Anschließend lege ich mich so auf den Sand, dass nichts an die Stellen kommt, wo es brennt. Früher hatte ich es im Gesicht. Ich hab es auch schon als Kleinkind gehabt, auch am Bauch oder an anderen Teilen des Körpers. Aber jetzt ist es fast weg. Im Hochsommer ziehe ich immer einen Pullover an. Ich laufe eigentlich nicht im T-Shirt rum. An den Armen bin ich empfindlich. Ich lege dann ein nasses Tuch mit Salz auf die Stellen. Dann wird es auch schon besser. Mit dem Pullover schütze ich mich einfach.

Ich hab keinen Traum. Ich hab einen ganz großen Wunsch. Ich wünsche mir immer, dass ich ganz viele Wünsche frei habe. Ich wünsche mir, dass ich meine richtige Familie kennen lerne. Dass ich berühmt werde. Und ich möchte gerne Schriftstellerin werden. Und dass ich einen Hund kriege oder ein Pferd, ein Tier jedenfalls. Ich wünsche mir, dass ich ganz viel Geld habe. All so was. Eben Kindheitsträume.

Thomas, 21 Jahre

Ich möchte, dass jeder meinen Namen kennt

Ich bin vor vier Jahren meinen Eltern weggenommen worden. Die Behörden haben meiner Mutter das Aufenthaltsrecht sowie das Sorgerecht für mich entzogen. Meine Eltern waren seit 1984 getrennt. Seit dieser Zeit hab ich nur bei meiner Mutter gelebt.

Meine Mutter meinte, dass ich nicht mehr zur Schule gehen sollte. Wir sind von einem Ort zum anderen gezogen. Von Hotel zu Hotel. Sie hätte mich gerne weiter zur Schule gehen lassen. Der Hauptgrund war, dass die Wohnung gekündigt wurde. Sie hatte eine neue Wohnung gesucht. Doch sie hatte keine neue Bleibe für uns gefunden. Sie hatte an jeder Wohnung etwas auszusetzen. Doch meistens gab es eine Absage. Nach einiger Überlegung entschied sie sich, dass wir erst einmal wegfahren. Sie hat innerhalb von Sekunden entschieden, wo wir dann am kommenden Tag hinfahren werden.

Am Anfang fand ich das ganz lustig. Mit der Zeit jedoch fand ich das schon nervig. Hin und wieder haben wir uns auch gestritten. Wir haben in Frankfurt gewohnt und dort auch nichts gefunden. Aber gestritten haben wir nur um Kleinigkeiten. Die Wohnungen in Frankfurt sind teuer, aber der Preis war bei ihrer Entscheidung nicht entscheidend.

Am Anfang wollte ich nicht weggenommen werden. Wir sind rumgereist und waren irgendwann in Hannover. Ich bin in Hannover neun Tage zur Schule gegangen. Wir haben dort bei meinem Bruder gewohnt und dann hat meine Mutter sich entschieden, dass wir wieder weggehen. Als wir eines Tages wieder mal meinen Bruder besuchen wollten, ist das Jugendamt gekommen. Es liegt im Dunkeln, wie das Jugendamt erfahren hat, dass wir bei meinem Bruder sind. Das Jugendamt hat gesagt, dass der Tipp von meiner Schwester gekommen wäre. Doch meine Schwester streitet dies ab. Am Anfang dachte ich, das kann nicht sein, dass jemand aus unserer Familie unseren Aufenthalt verrät. Inzwischen ist es mir egal.

An dem Tag, als sie mich abholten, kamen sie mit elf, zwölf Leuten. Dabei waren ein Gerichtsvollzieher, zwei zivile Polizisten, zwei Polizisten in Uniform, eine Amtsärztin, ein Krankenrettungswagen mit drei Sanitätern. Als es geklingelt hatte, sollte ich mich erst auf dem Balkon verstecken. Es ist herausgekommen. Zuerst wollten sie mir Handschellen anlegen. Meine Mutter und ich haben ihnen gesagt, dass sie das nicht brauchen. Meine Mutter war aufgebracht.

Ich bin in die Psychiatrische Klinik gekommen. Die Ärztin, die dabei gewesen war, hatte die dicke Akte aus Frankfurt eingesehen. Es soll dort eine große Akte über mich geben. Diese Ärztin hatte eingeschätzt, dass ich suizidgefährdet sei. Sie haben mich deshalb in die offene Kinder- und Jugendpsychiatrische Abteilung eingewiesen. Offen heißt, dass ich jederzeit wieder hätte weggehen können. Ich bin nicht weggegangen, weil es noch mehr Probleme gegeben hätte.

Mit der Zeit hab ich mich dort eingewöhnt. Aber es ist auch so, dass meine Mutter echt krank ist. Mir wurde dort richtig klargemacht, dass meine Mutter krank ist. Am Anfang dachte ich schon, dass die mir das einreden. Doch mit der Zeit wurden mir dort die Augen geöffnet. Es wurde gesagt, dass sie an paranoider Schizophrenie leidet. Ich weiß nicht, ob das so stimmt.

Es ist schwer zu sagen, wie sich die Krankheit bei meiner Mutter ausdrückt. Wenn ihr an jemandem etwas nicht passt, dann heißt es bei ihr immer, dass das ein Doppelgänger ist. Oder sie redet irgendetwas, was es überhaupt nicht gibt. Ich hab mich einfach an ihre Art gewöhnt. Ich hab auch nicht viel dazu gesagt.

Ich war sieben Monate in der Psychiatrischen Klinik. In der Zwischenzeit wurde für mich ein Heim gesucht. Ich habe dann ein Heim gefunden. Meine Mutter hat dort jedoch einen Aufstand gemacht, so dass der Heimleiter mich dann abgelehnt hat. Der Heimleiter hätte mich aufgenommen, aber er befürchtete, dass meine Mutter jede Woche so einen Aufstand macht. Dazu hatte er keine Lust. Das hat sie gemacht, weil sie immer darum gekämpft hat, dass ich zu ihr zurückkomme. Durch Gerichtsbeschlüsse wurde dies aber verhindert. Doch gegen jedes Urteil hat sie Widerspruch eingelegt. Sie hat gemeint, dass ich ihr sonst später mal Vorwürfe machen würde. Meine Mutter ist eine Kämpferin. Ich würde mich niemals mit ihr anlegen. Sie ist sehr bestimmend. Auch gegen die Ämter in Frankfurt hat sie sich jahrelang durchsetzen können. Sie hat eine Art, dass man überhaupt nichts gegen sie sagen kann. Charmant ist sie dabei nicht. Sie setzt sich mit ihrer bestimmenden Art durch.

Sie haben mir nicht erklärt, warum ich angeblich suizidgefährdet gewesen bin. Am Anfang war ich auch sehr daneben, weil ich gar nicht begriffen habe, warum grade ich in der Psychiatrie lande. Ich habe mich gefragt, warum ich denn dahin komme, weil ich dachte, dass dort nur Kranke sind. Meine Einschätzung hat sich dort allerdings widerlegt, weil ich gemerkt habe, dass das gar nicht stimmt. Ich habe festgestellt, dass dort viele sind, die einfach nur Probleme mit ihren Eltern haben. Ich habe mich dort mit vielen angefreundet. Das waren die besten Freunde meines Lebens, obwohl wir jetzt keinen Kontakt mehr haben. Gut, ich hab jetzt auch Freunde in der Schule. Aber in der psychiatrischen Klinik war es anders, da wir 24 Stunden am Tag zusammen waren.

Ich habe mir schon gedacht: Es wird Zeit, dass du rauskommst, sonst kommst du da nie raus. Ich denke, dass ich es im Leben mit meiner Mutter gewöhnt war, nur kurz irgendwo zu bleiben. Doch muss ich auch sagen, dass es Zeiten gab, wo ich wieder in die Klinik zurück wollte. Es waren Zeiten, wo ich Depressionen hatte. Noch heute halte ich es nicht lange dauerhaft an einem Ort aus. Manchmal muss ich einfach raus aus der Stadt. Egal wohin, einfach in irgendeine andere Stadt. Wenns auch nur für ein paar Stunden ist. Danach gehts dann wieder. Es ist seltsam.

In der Klinik gab es feste Zeiten, wo wir rausgehen konnten. Und wenn wir aus der Klinik wollten, dann ging das nur am Wochenende. Wenn ich am Wochenende rausging, besuchte ich meinen Bruder und meine Schwester oder meinen Vater. In der Klinik gibt es mehrere Häuser. Ich war in einem Haus, wo es drei Stationen mit den Namen A, B und C gab. A war eine reine Mädchengruppe. B war eine reine Jungengruppe. Und C war gemischt. Als ich ankam, war die Station B in einer Art Schullandheim, wo sie eine Woche Urlaub gemacht haben. Ich konnte so lange auf Station C. Gerne wäre ich auf Station C geblieben, das ging aber leider nicht.

Es gab auch Zeiten, wo bestimmte Patienten da waren, die gefährdet waren. Dann waren die Türen abgeschlossen, und wenn wir auf eine andere Station wollten, mussten wir Bescheid sagen. Dann wurde die Tür aufgeschlossen. An jeder Tür war ein Schloss dran, wo man den Strom abdrehen konnte. Wenn jemand mal zu laut Musik gehört hat und nicht damit aufgehört hat, wurde einfach der Strom abgedreht.

Ich weiß auch nicht warum, aber ich hatte immer wieder den Gedanken, dass ich dort nicht mehr rauskomme. Meine Mutter hat mir erzählt, dass ich aufpassen soll. Aber im Grunde war es angenehmer, als ich davor gedacht habe. Eigentlich ist es wie ein Heim, nur dass schon ein paar Patienten drin waren, die geistesgestört oder geistig behindert waren. Oder sonst irgendwelche kleinen Macken hatten. Aber ich frag mich auch, wer hat die nicht?

Zweimal gab es dort Situationen, die mich deprimiert haben. Einmal ist einer ausgerastet, weil er unbefugt das Gelände verlassen hat und deshalb als Strafmaßnahme früh ins Bett musste. Er durfte dabei nicht lesen und das Licht musste ausbleiben. Da ist er ausgerastet. Eine andere deprimierende Situation war, als es Streit zwischen einem anderen Jungen und dem Betreuer gab. Dabei ist der Junge völlig durchgedreht und hat das ganze Zimmer verwüstet. Das hat mich schon sehr betroffen gemacht. Ansonsten war ich dort sehr beliebt. Wir haben uns alle ganz gut verstanden. Wir waren wie eine sehr große Familie.

Ich kann mich erinnern - da war ich sieben, dass sich meine Eltern sehr gestritten haben. Aber eigentlich haben sie sich schon vor meiner Geburt gestritten. Als ich kam, soll es geheißen haben, dass jetzt alles wieder gut wird. Pustekuchen!

Seit sich meine Eltern getrennt haben, sind wir sicher einmal im Jahr umgezogen. Ich war in jedem Schuljahr in einer anderen Schule. Ich hab nie richtig Kontakte aufbauen können, weil immer alles sofort kaputt gegangen ist.

Ich habe ihr schon gesagt, dass ich nicht umziehen will. Doch sie hat gesagt, dass es nicht anders geht. Sie hat es mir erklärt und dann war es gut. Ich habe es akzeptiert. Mein Vater sagt immer, dass sie auf der Flucht ist. Während meine

Mutter es als „die Reise" bezeichnet. Für mich ist es weder noch. Sie hat eine Wohnung gesucht und keine gefunden. Was sollte sie machen? Sie tut mir einfach Leid.

Ich treffe meine Mutter im Abstand von ein paar Monaten. Wir verbringen ein, zwei Tage zusammen. Ich muss ganz ehrlich sagen, wenn ich längere Zeit mit ihr zusammen bin, bin ich gestresst. Ich versuche dann zwar, ihr das nicht zu zeigen, aber es ist einfach so. Es kommen dann irgendwann Wutgefühle. Daran merke ich, dass es dann wieder für ein paar Monate reicht. Einmal ging es mir dabei ganz schlecht. Da hatte ich einen Tag davor Geburtstag gefeiert und hatte noch einen ganz schlimmen Kater. Da war es mit ihr noch furchtbarer.

Bei meinem Vater konnte ich nicht wohnen, weil er Angst vor meiner Mutter hat. Er befürchtete, dass sie ständig bei ihm vor der Tür steht, wenn ich dort eingezogen wäre. Er lebt mit einer Frau, die zwei Kinder hat. Die Kinder sind allerdings nicht von ihm. Und er wollte nicht, dass meine Mutter dort Radau macht.

In Hannover hab ich einen Bruder und eine Schwester. Und in Frankfurt hab ich noch zwei Schwestern. Die beiden älteren Schwestern sind ausgezogen, als sich meine Eltern trennten. Meine dritte Schwester war 16 und mein Bruder 19. Sie konnten natürlich schon selber entscheiden, zu wem sie ziehen. Sie sind zu meinem Vater gezogen. Meine Schwester hatte auch immer Angst vor meiner Mutter. Sie ist ja auch komisch. Es ist so, dass sie ihre Töchter nicht so akzeptiert wie ihre Söhne. Wenn sie meine Schwester in Hannover anruft, dann ist ihre erste Frage, wie es denn meinem Bruder und mir ginge.

Es war immer klar, dass ich bei meiner Mutter bleibe. Es hätte mir schon gefallen, wenn ich mit meinen Geschwistern hätte zusammen bleiben können. Aber es gab von mir kein Aufbegehren.

Nach der Entlassung aus der Kinder- und Jugendpsychiatrie kam ich in Flensburg in ein Kleinstheim, wie es so schön heißt. Dort waren drei Jugendliche. Ich wollte dort nicht hin. Wenn man genau überlegt, ging ich da gezwungenermaßen hin. Ich hatte den Eindruck, dass es nicht erwünscht war, dass ich dort hinkomme. Sie mussten mich dort aufnehmen, weil sie vom Amt gedroht haben, dass sie sonst keine Zuschüsse mehr bekommen würden. Der

Leiter oder Chef war ein komischer Kauz. Wir mussten nach Hause kommen, wenn es dunkel war. Und wir mussten auch zu Hause bleiben, wenn es dunkel wurde. Wir waren 16, 17, 18 und mussten alle im November zu Hause sein, wenn es dunkel ist.

Wir wohnten da bei einem Ehepaar. Am Schluss hab ich mir gedacht, dass der verrückt ist. Er kam oft mit Sachen, die wir nicht durften. Aber er durfte das. Wir durften in der Woche maximal vier Filme gucken. Er selber hat sich aber jeden Abend vor die Glotze gesetzt und hat bis spät in die Nacht geguckt. Diejenigen, die von uns geraucht haben, durften nicht im Haus rauchen. Er hat aber eine Schachtel nach der anderen geraucht. Er hat auch viel Mist erzählt. Wir hatten einen Privatlehrer, der ins Haus kam und uns Unterricht gab. Mit dem Lehrer hab ich mich sehr gut verstanden.

Nach einer Zeit hab ich den ersten Fluchtversuch gemacht, der gescheitert ist. Das konnte ich aber noch so hindrehen, dass man das nicht als Fluchtversuch ausgelegt hat. Dann kam der zweite Fluchtversuch. Ein Problem war auch, dass mir der Personalausweis und das Sparbuch abgenommen wurden. Das Geld, was mir zustand, ist auf mein Sparbuch eingezahlt worden, an das ich aber nicht selbständig rankam. Beim zweiten Fluchtversuch hab ich mich in den Zug gesetzt und wurde erwischt, weil ich keine Fahrkarte gekauft hatte. Ich hatte ja kein Geld. Ich wurde der Bahnhofspolizei übergeben. Danach wurde ich in das Kleinstheim zurückgebracht. Dort gab es einen Riesenkrach. Der Leiter hat mir dann erzählt, dass mein Privatlehrer von mir erzählt hat, dass ich ein linker Hund sei. Und dass ich lügen würde. Ich hab den Privatlehrer niemals wiedergesehen, aber ich konnte mir nicht vorstellen, dass er das wirklich gesagt hat.

Ungefähr zwei Wochen später hab ich einen dritten Fluchtversuch gemacht. Ich habe mir überlegt, wie wir es früher immer gemacht haben, wenn wir mit dem Zug gefahren sind. Da konnte ich mich erinnern, wenn ein Zugkontrolleur durch das Abteil ging, dass wir ihn einfach nicht beachtet haben. Das hat geklappt. Mit dieser Methode konnte ich bis Hamburg durchfahren. Ich bin mit dem ICE weiter nach Hannover gefahren. Auf der Strecke nach Hannover bin ich zwar erwischt worden, doch der Zugkontrolleur ließ mich sitzen und sagte, dass er gleich käme. Aber er ließ mich in Ruhe.

Dann bin ich zu meinem Bruder und zu meiner Schwester gegangen, die nicht zu Hause waren. Ich habe dann ein Jahr bei den beiden gewohnt. Im Kleinstheim in Flensburg waren sie jedoch der festen Überzeugung, dass ich dort wieder hinkommen sollte. Mein Bruder ist ein sehr guter Redner und hat die Möglichkeit, auch mit Worten positiv zu überzeugen. Er konnte beim Jugendamt durchsetzen, dass ich nicht mehr nach Flensburg muss. Doch die Bedingung des Jugendamtes war, dass ich wenigstens einmal noch dort hinfahre. Ich bin dann mit meinem Vater nach Flensburg gefahren.

Mein Vater schafft es geschäftlich zwar immer alles aufzubauen, aber er schafft es auch jedes Mal, alles wieder zu ruinieren. Wie gesagt, geschäftlich ist er ein Genie. Ich bekomme von ihm alles, was ich will. Es ist auch so, dass ich zu ihm nie wie früher Papi sage. Er ist für mich einfach der Toni. Er will auch gar nicht, dass man ihn als meinen Vater bezeichnet. Er ist einfach nur ein Freund und kein Vater.

Er hatte scharfe Bedenken, ob er das kann, mit mir nach Flensburg zu fahren. Er hatte Angst, dass er etwas falsch macht. Mein Bruder gab ihm den Rat, er solle sich so verhalten als seien es Geschäftsverhandlungen. Er hat dann auch versucht, sich so zu verhalten. Das hat recht gut geklappt.

Der Betreuer hatte einen sehr dubiosen Vertrag aufgesetzt. Er war der festen Überzeugung, dass ich wieder zu ihm komme. Ich sagte ihm jedoch, dass ich auf keinen Fall zurückkäme. Dieser Vertrag war eigentlich eine Frechheit. Er hat dort Sachen hineingeschrieben, die überhaupt nicht gestimmt haben. Ich hätte Mitbewohner ausgehorcht und noch mehr solchen Quatsch. Mein Vater hat gesagt, dass wir uns die Unterschrift unter diesen Vertrag überlegen würden. Als wir im Auto saßen, sagte mein Vater, dass ich dort nie wieder hingehen solle. Er hat gemerkt, dass dieser Vertrag einfach eine Frechheit ist. Der Betreuer hatte auch noch Ärger gemacht, weil mein Vater gesagt hat, dass er mich wieder mit zurücknimmt. Mein Vater sagte ihm zu, dass wir es überlegen werden, ob ich wieder zurückkommen werde. Später hat der Betreuer jedoch gegenüber der Sozialarbeiterin behauptet, dass mein Vater versprochen hätte, dass ich wieder in dieses Kleinstheim zurückgehen würde. Die Sozialarbeiterin war voll auf dem Trip, dass dieser Betreuer ein Superheld ist.

Ich hab mich in dem Heim „Alten Eichen" vorgestellt, weil ich da mehrere gekannt habe, da mein Bruder dort mal gearbeitet hatte. Die Sozialarbeiterin von mir meinte dann aber, das Heim wäre nichts für mich. Sie sagte, dass ich dort hin könnte, aber in diesem Fall würde das Jugendamt nichts zahlen.

Meine Lehrerin kannte Leute, die mit meinen jetzigen Pflegeeltern befreundet sind. Darüber bin ich dann zu der Pflegefamilie gekommen. Ich hatte mich dort vorgestellt und fand es sehr nett dort.
Seit drei Jahren lebe ich jetzt bei der Pflegefamilie. Mir gefällt dort einfach alles. Es war eine Zeit lang so, dass ich um Mitternacht zu Hause sein musste. Inzwischen kann ich kommen, wann ich will. Offiziell soll ich zwar in der Woche wegen der Schule um viertel nach zehn zu Hause sein. Anfangs hat mich meine Pflegemutter noch gebeten, pünktlich zu kommen. Doch inzwischen komme ich, wann ich will. Ich hab hier meinen Halt gefunden.

In meiner eigentlichen Familie sind alle mehr oder weniger untereinander zerstritten. Durch die Pflegefamilie habe ich mehr Selbstvertrauen bekommen. Meine Pflegeeltern sagen zu mir, dass sie mir kein Selbstvertrauen geben könnten. Sie könnten mir nur helfen, dass ich es bekomme. Letztendlich muss ich es selbst entwickeln. Anfangs hab ich kaum mit meinen Pflegeeltern geredet, da habe ich nur meinen Pflegebruder gehabt. Wenn was schief läuft, behalte ich es meistens für mich, so wie ich auch schlechte Noten für mich behalte.

Ich gehe jetzt in die Berufsfachschule für Gesundheit. Dort werde ich den Realschulabschluss machen. Ich möchte Krankenpfleger werden. Ich bin durch die Prüfung gefallen, sonst hätte ich es schon hinter mir. Ich hatte letztes Jahr Depressionen und bin einige Monate nicht mehr zur Schule gegangen. Darüber habe ich mit meinen Pflegeeltern geredet. Ich hätte die Prüfung schaffen können, aber die Noten wären zu schlecht gewesen. Da hat mir meine Pflegemutter den Rat gegeben, doch lieber zu wiederholen. Nach langer Überlegung hab ich mich dann dazu entschlossen, das Jahr zu wiederholen und dann mit einem guten Zeugnis abzugehen. Damit habe ich anschließend bessere Chancen.

Als ich Depressionen hatte, habe ich mich zurückgezogen. Es war auch so, dass ich mir über mein Äußeres keine Gedanken mehr gemacht habe. Die Haare hab ich mir noch gewaschen, doch hatte ich keine Lust mehr, mich zu duschen. Es ist schwer zu erklären, ich verstehe selber nicht warum. Meine Pflegeeltern haben es nur dadurch erfahren, dass ich nicht zur Schule gehe, weil meine Klassenlehrerin mich zu Hause anrief. Obwohl sie mir versprochen hatte, dass sie es meinen Pflegeeltern nicht erzählt, hat sie es dann beim Telefonat doch erzählt. Die Lehrerin hat mich dann noch einmal angerufen und hat mich gewarnt, dass sie es erzählt hat. Meine Pflegemutter hat aber nett reagiert und hat gesagt, dass es wahrscheinlich eine Depression sei. Sie hat mich dann zu ihrer Hausärztin geschickt. Es ist eine nette Ärztin. Sie hat sich dann alles von mir angehört und hat mir vorgeschlagen, für drei Wochen in die psychiatrische Klinik zu gehen. Ich habe es mir lange überlegt und habe mich aber dagegen entschieden, weil ich gerade den Punkt erreicht hatte, wo die Depressionen vorbei waren. Eine Woche früher wäre ich in die Klinik gegangen. Ich bin einfach ohne therapeutische Hilfe darüber weggekommen.

Ich hatte das vor zwei Jahren schon einmal. Als ich Depressionen hatte, hatte ich zu nichts Lust. Ich bin morgens in den Bus gestiegen und bin trotzdem nicht zur Schule gegangen. Manchmal habe ich mich an der Bushaltestelle entschieden, dass ich nicht zur Schule gehe. Ich bin ein ganz spontaner Mensch. Einmal bin ich zur sechsten Stunde zum Sportunterricht in die Schule gegangen, um einfach mal wieder da gewesen zu sein. Meine Klassenlehrerin sagte dann zu mir, dass es ganz super sei, dass ich gekommen bin. Zu Hause konnte ich meine Depressivität so überspielen, dass meine Pflegeeltern es nicht bemerkt haben. Ich bin ja zur normalen Zeit nach Hause gekommen, so als wenn ich in die Schule gegangen wäre. Ich habe so getan, als wenn nichts mit mir wäre.

Tagsüber war es eigentlich so, dass ich mir nichts dabei gedacht habe. Nur nachts konnte ich nicht schlafen. Da ging es los mit meinen Selbstvorwürfen. Ich fragte mich dann immer, was ich denn überhaupt mache und so?

Früher zu Hause war immer wenig Geld zum Leben da. Was meine Mutter da geleistet hat, dafür hat sie heute noch meine Hochachtung. Als sich meine Eltern getrennt haben, gab mein Vater meiner Mutter nur 50 DM zum Leben. Wie sie uns da durchgebracht hat? Sozialhilfe hätte meine Mutter nie angenommen, weil es für sie eine Schande gewesen wäre. Ich muss aber auch sagen, zu der Zeit konnte mein Vater auch nicht mehr Geld schicken.

Als ich Depressionen hatte, habe ich immer genügend gegessen. Das kommt aus der Zeit, als wir nicht genügend Geld hatten. Deshalb würde ich auch nie Diät machen. Wenn ich krank werde, nehme ich ganz schnell ab. Ich kann essen, was ich will und doch werde ich einfach nicht dick. Manchmal wünsche ich mir schon, etwas mehr Fleisch auf den Knochen zu haben.

Ich war früher oft in Krankenhäusern, weil ich Probleme mit meinen Knien hatte. In Frankfurt war ich in einer normalen Kinderklinik. Wenn ich dort war, hieß es, dass ich ganz anders war als bei meiner Mutter. Ich war aufgeschlossener. Ich konnte mit meinen Beinen oft schlecht laufen und wurde deswegen untersucht. Eine Ärztin konnte keinen körperlichen Befund herstellen und sagte, dass es psychosomatisch sei.

Ein anderes Mal war ich wieder in der Frankfurter Kinderklinik. Dort wurde meiner Mutter schon einmal das Sorgerecht entzogen. Ich sollte dort eigentlich nur fünf Tage bleiben und nach den fünf Tagen sagte meine Mutter, dass es reichen würde und ich nach Hause kommen sollte. Die Ärztin und die Sozialarbeiterin haben dies aber abgelehnt. Sie haben beim Jugendamt beantragt, dass meine Mutter das Sorgerecht über mich verlor. Ich war dann zwei Monate in der Klinik. Damals war ich auch nicht krankenversichert. Die Klinik kostete 300 DM am Tag. Es gab eine Gerichtsverhandlung im Amtsgericht Frankfurt. Der Richter war voll auf der Seite meiner Mutter. Sie bekam das Sorgerecht zurück.

Ein Jahr später war ich wegen meiner Knie wieder für eine Woche in einem - jedoch anderen - Kinderkrankenhaus. Dort wurde dann eine Neurose festgestellt. Die Kniekrankheit sei seelisch bedingt. Wieder ein Jahr später bin ich dann noch einmal einen Monat freiwillig in die Frankfurter Kinderklinik gegangen. Nach einem Monat bin ich in eine andere Station verlegt worden. Doch meine Mutter wollte das nicht. Dann kam wieder ein Brief vom Amtsgericht, dass sie das Aufenthaltsbestimmungsrecht für mich verloren hat. Dann musste ich wieder in die Klinik und war dort zwei, drei Monate. Das Amtsgericht hat diesmal meiner Mutter nicht Recht gegeben, worauf meine Mutter Widerspruch eingelegt hat. Dadurch ging es weiter zum Landgericht. Dort wurde dann beschlossen, dass ich eine stationäre Therapie machen muss. Sie wollten mich in die psychiatrische Klinik nach Freiburg im Breisgau schicken. Die haben wir uns angeguckt und meine Mutter sagte danach, dass diese Klinik überhaupt nicht in Frage für mich käme. Dann hat sich meine Mutter noch ein Heim in einem Vorort von Frankfurt angeguckt. Ich bin nicht mit dorthin gegangen, weil ich mich schon verstecken musste. Sie hat mich zum Teil bei meinen Geschwistern oder bei anderen Verwandten versteckt. Zum Schluss hat sie mich zu Hause versteckt. Da ist nur einmal einer vom Amt vorbeigekommen, da war ich aber woanders. Meine Mutter musste jedoch irgendwann einen Vorschlag machen und sie hat dann die Psychotherapeutische Klinik in Stuttgart vorgeschlagen. Das ist eine Klinik für psychosomatische Krankheiten. Da war ich dann drei, vier Monate und irgendwann war ich dort stark erkältet. Ich hatte eine starke Bronchitis. Ich durfte für ein Wochenende nach Hause fahren. Zu Hause sind wir zu einem Arzt gegangen. Ich war nicht transportfähig. Meine Mutter hat sich dann aber dafür entschieden, dass ich wieder ganz zu Hause bleiben sollte. Sie hat damit praktisch die Vereinbarung gebrochen. Die Klinik bestand darauf, dass die Behandlung zu Ende geführt werden sollte. Ich weiß nicht wie, irgendwie ist es geklärt worden. In einer Zeit, wo ich mich versteckt hatte, hat mir eine Ärztin Cortison verschrieben. Und seit dieser Zeit sind meine Knie in Ordnung. Seitdem hatte ich nie wieder Schwierigkeiten mit meinen Knien.

Nach der Trennung meiner Eltern begannen die Schwierigkeiten mit meinen Knien. Von daher ist es gut möglich, dass es eine psychosomatische Geschichte war. Ich bin beim Gehen einfach eingesackt. Ich konnte dann nur noch schlurfen. Nun gehe ich, als wär nichts gewesen.

Mir hat es in den verschiedenen Kinderkliniken gut gefallen. Auch in Stuttgart gefiel es mir. Ich war dort sehr anerkannt. Ich war sehr traurig, dass ich dort nicht mehr hingehen konnte. Ich habe bei meiner Mutter immer gemerkt, wenn sich der Wind grade gedreht hat. Ich hab dann halt gedacht, mach mal, was sie sagt.

Meine Mutter findet das überhaupt nicht okay, dass ich in einer Pflegefamilie lebe. Sie hat wörtlich gesagt, dass Pflegefamilien Abschaum sind. Leute, die so etwas machen, bei denen muss irgendwas nicht stimmen. Dabei hat ihre Mutter selber Pflegekinder aufgenommen. Ein Pflegekind hat meine Mutter gehasst, weil sie fand, dass es bevorzugt wurde. Die Mutter meiner Mutter hatte nicht genügend Geld und deshalb hatte sie Pflegekinder aufgenommen. Das Geld, was sie für dieses eine Kind bekommen hatte, verwendete sie nur für dieses Kind. Es war so, dass alle sehr dünn waren und auch gehungert haben, doch nur dieses Kind wurde immer dicker. Dieses Pflegekind wurde immer dicker und sie immer dünner. Deshalb hat sie dieses Kind gehasst. Als ich ihr sagte, dass es mir in der Pflegefamilie gut geht, antwortete sie, dass ich das wahrscheinlich jetzt sagen muss. Sie denkt, dass ich zu solchen Aussagen gezwungen werde.

Wenn meine Pflegeeltern zu mir etwas sagen, dann mache ich das auch. Wir müssen uns auch an den Arbeiten im Haus beteiligen. Meinen Pflegebruder sehe ich als meinen Bruder an. Als mein Pflegebruder hier einzog, wurde ich auch gefragt. Wenn hier jemand neu einzieht, wird jeder gefragt. Ich hatte nichts dagegen.

Bei mir ist es so, dass ich mich relativ schnell verliebe. Doch es geht auch relativ schnell vorbei. Ich verliebe mich so, dass das Mädchen davon gar nichts weiß. Ich trau mich nicht, das Mädchen anzusprechen. Meistens haben die Mädchen, in die ich mich vergucke, einen Freund, und dann denke ich mir, dass ich mich sowieso nicht einmischen möchte.

Ich weiß, dass ich niemals heiraten werde. Darin sehe ich nichts Sinnvolles. Bei Kindern wäre ich offen. Wenns passiert, dann passierts. Wenn es passiert, würde ich dem Mädchen die Entscheidung überlassen, ob sie das Kind zur Welt bringt oder nicht. Ich möchte es aber nicht drauf anlegen. Es ist keine gute Zeit, um Kinder zu haben. Die Umwelt ist immer zerrütteter; es gibt immer mehr Kriege auf der Welt und ich glaube auch, dass es irgendwann einmal einen totalen Knall gibt.

Ich weiß, dass es bei uns zu Hause nicht normal war. Es hat ja schon angefangen, als ich elf Jahre alt war. Ich muss ehrlich sagen, ich habe von Anfang an geglaubt, was meine Mutter macht, ist doch alles Scheiße. Ich konnte sehr gut unterscheiden, was wahr ist und was nicht. Ich konnte es einfach spüren. Ich fand es auch einfach Schwachsinn, bestimmte Sachen nicht zu essen. Jede Art von Fleisch zu essen, fand sie Luxus.

Meine Mutter und natürlich auch ich haben jahrelang kein warmes Essen zu uns genommen. Sie hat ihren Körper damit kaputt gemacht. Sie hatte mal einen Arm gebrochen und seitdem ist der nicht mehr ranzukriegen. Er hat gesplittert und sollte genagelt werden und wächst aber nicht zusammen. Dummerweise hat sie auch noch eine Metallallergie. Ihre Knochen sind leicht brüchig. Sie ist bei

Glatteis ausgerutscht und hat sich dabei den Arm gebrochen. Normalerweise bricht man sich dabei nicht den Arm.

Ich sehe sie ja manchmal, da ist sie ganz normal. Sie kann sich mit Leuten unterhalten. Einmal war sie auf dem Geburtstag meines Bruders und unterhielt sich locker mit den Leuten und rauchte, was sie jahrelang nicht mehr gemacht hatte. Sie war richtig modern. Doch in den letzten Tagen war sie mal wieder richtig durch den Wind. Sie ist depressiv und redet nur wirres Zeug. Das ist richtig traurig. Sie war bei einer Psychotherapeutin, bei der sie eine Psychoanalyse gemacht hat. Dann hat sie auch Tabletten bekommen. Beruhigungs- und Aufputschtabletten zugleich. Sie hat eine Schilddrüsenunterfunktion. Dagegen musste sie Aufputschtabletten nehmen. Da sie aber dann zu aufgeputscht war, musste sie dagegen Beruhigungspillen nehmen. Irgendwann hat sie selbst die Tabletten abgesetzt. Diese Krankheit hat viel zu ihrer Situation beigetragen. Auch der Umstand, dass sie früh aus Schlesien weggehen musste. Ihre Familie hatte es damals abgelehnt, die polnische Staatsbürgerschaft anzunehmen. Deshalb musste sie nach Deutschland gehen.

Ich bin nicht pessimistisch, weil ich fest an das Leben nach dem Tode glaube. Ich glaube, dass alles irgendwie gesteuert wird von einer Macht, vielleicht Gott. Leben ist wie eine Schule. Man lernt immer irgendwas dazu. Ich kann es mir nicht anders vorstellen, als dass man in irgendeiner Weise wieder leben wird. Es ist eine offene Geschichte, was man mal wird. Wenn man als Mensch wiedergeboren wird, das sehe ich mehr als Strafe. Ich wäre lieber schon weiter. Ich weiß es nicht, aber es gibt ein Weiterleben. Eine Wiedergeburt als Mensch möchte ich nicht. Der Mensch an sich ist ein brutales Lebewesen. Aber das entscheidet die Macht.

Meine Mutter hat es mir schwer gemacht. Mir kommt das so schicksalhaft vor. Ich denke, dass ich im Leben davor irgendwas nicht gepackt hab und deshalb muss ich es noch einmal wiederholen, um es dann richtig zu machen.

Ich habe einen Traum, der für mich unerreichbar ist. Ich möchte sehr reich werden. Am liebsten wäre ich der reichste Mann der Welt. Ein Grund ist sicher, dass ich nie genügend Geld hatte. Wir mussten immer schauen, dass wir über die Runden kommen. Mein Vater musste sich damals - als die Familie noch zusammen war - am Rande der Legalität Geld verdienen, damit es irgendwie reicht. Er hat sich schon für die Familie sehr eingesetzt. Als die Familie zerbrach, war es auch für meinen Vater vorbei. Er wollte fortan nur noch sein eigenes Ding machen. Es ist einfach schön Geld auszugeben. Sich in ein Restaurant zu setzen, bedient zu werden und dann einfach zu zahlen. Das ist viel besser, als zu Hause irgendetwas zu kochen. Geld zu haben beruhigt sehr. Und es gibt eine gewisse Machtposition. Man sagt doch: Geld regiert die Welt. Und da ist etwas Wahres dran. Geld würde mich mächtig machen. Und durch Geld kann man auch berühmt sein. Ich möchte, dass jeder meinen Namen kennt.

Angela, 18 Jahre

Ich bin anders, als meine Pflegeeltern mich haben wollen

Ich lebe seit 17 Jahren bei meinen Pflegeeltern. Ein halbes Jahr war ich im Heim. Dann haben sie dieses Heim in Berlin zugemacht. Da waren nur noch zwei Kinder drin. Ich und ein anderer Junge. Der ist zu seiner Oma gekommen und ich bin hierher gekommen.

Durch das Jugendamt bin ich zu meinen Pflegeeltern gekommen. Ich bin in der ersten Zeit immer zu anderen Leuten gelaufen und nie zu meinen Eltern. Da waren meine Eltern ein bisschen traurig darüber. Doch mit der Zeit wurde es ein bisschen besser. Ich wurde hier sehr nett empfangen. Auch von meinen Geschwistern. Meine Schwester hatte sich immer eine kleine Schwester gewünscht, weil sie nicht alleine mit ihrem Bruder leben wollte. Und die hat sie dann auch gekriegt. Meine Schwester war damals 14.

Früher war das häufig so, dass ich mit dem Dreirad abgehauen bin. Oder einfach weggelaufen bin. Manchmal bin ich dann bei den Nachbarn in der Wohnung gesessen. Meine Mutter hat mich dann gesucht, oft auch mit Freunden zusammen. Sie war deshalb oft fertig mit den Nerven. Ich habs trotzdem gerne getan. Mir hats einfach Spaß gemacht, weil ich wahrscheinlich noch mehr sehen und kennen lernen wollte. Einmal bin ich bei Nachbarn, die ich gar nicht richtig kannte, durch den Garten in die Wohnung gekommen. Ich hab mich dort ins Wohnzimmer gesetzt und hab dort einen Film angeguckt. Nach einer Zeit kam meine Mutter an und fragte, wo ich bin. Die Nachbarn sagten ihr, dass ich mir im Wohnzimmer einen Film anschaue. Meine Mutter war geschockt, weil sie mich überall gesucht haben. Sie hat mich dann gleich mitgenommen und es gab logischerweise Ärger. Dann wurde mir erklärt, dass man nicht abhauen darf. Und dass sie das nicht will, weil ich noch ziemlich klein bin und sie dann auch Angst hat. Ich wusste aber, was ich gemacht hatte. Sie dachten, dass ich das nicht wusste. Aber ich wusste genau, wo ich hin will.

Ab und zu bin ich auch mit älteren Mädchen auf den Spielplatz gegangen, was ich gar nicht durfte. Der Spielplatz war weiter weg vom Haus. Meine Mutter wollte nicht, dass ich mit den beiden Mädchen zusammen bin. Ich bin trotzdem immer abgehauen. Ich sagte, dass ich zu einer Freundin gehe, die hier um die Ecke wohnte. Das stimmte aber nicht. Ich war sechs, sieben Jahre alt und die Mädchen waren 15.

Meine Eltern wollten das nicht, weil die einfach schon andere Sachen als ich gemacht haben. Die haben mit 15 natürlich auch schon geraucht. Sie wollten mir auch ständig eine Zigarette andrehen. Das haben sie auch einmal geschafft, da wusste ich aber gar nicht, was das ist. Einmal hat meine Mutter mich gesucht und auf dem Spielplatz gefunden. Da hat mir das eine Mädchen gleich die Zigarette aus der Hand gezogen und weggeschmissen, so dass meine Mutter das nicht gesehen hat. Ich weiß nicht, ob sie das gerochen hat, aber das war ganz schön knapp. Irgendwann hörte das Abhauen dann auf. Ich hatte einfach keine Lust mehr dazu. Das hat aber auch für meine Eltern gereicht. Sie haben sich deshalb genug Sorgen gemacht.

Ich hab meine leibliche Mutter letztes Jahr im Oktober gesehen. Das war das erste Mal. Auf mich machte sie einen ganz netten Eindruck. Ich hab sie nach der Schule mit meiner Mutter abgeholt. Ich hab mich natürlich gewundert, dass sie den ganzen Tag geredet hat. Das hat mich schon gewundert nach den ganzen Jahren, wo wir uns nicht gesehen haben und uns nicht gekannt haben. Ich hab sie dann gefragt, ob sie gar nicht aufgeregt ist. Abends hat mich ihr Reden dann genervt, weil sie einfach nicht damit aufgehört hat. Ok, am ersten Tag war es auch interessant, weil sie viel von meinem Vater und meinen Geschwistern erzählt hat. Aber am nächsten Tag wurde es mir ein bisschen zu viel. Ich konnte nicht mehr richtig zuhören, weil vieles ähnlich war, was sie erzählt hatte.

Ich hab mich aber nicht getraut, ihr das zu sagen. Nur meiner Mutter hab ich das erzählt, als sie mal kurz zum Rauchen aus dem Zimmer war. Das viele Reden hab ich wohl nicht von ihr. Ich geh nicht gleich auf die Leute zu. Ich muss erst mal gucken.

Einiges haben wir gemeinsam. Wir haben oft ähnliche Meinungen. Wir sprachen auch über Freiheiten, über die wir ähnlich denken. Ich will nicht sagen, dass ich hier keine Freiheiten habe. Wenn sie weiß, wo ich bin, ist es ihr auch egal, wann ich wiederkomme. Meine leibliche Mutter geht halt auch selber viel mit Freunden weg. Ich will sagen, wenn ich später mal Kinder haben sollte, werde ich sie anders erziehen, als meine Eltern mich erzogen haben. Sicher, irgendwo sind auch Grenzen, die man einhalten sollte. Meine Grenzen sind, nichts mit Drogen zu tun zu haben. Und meine Kinder müssen mir sagen, wohin sie gehen. Vielleicht müssen sie mir auch ungefähr sagen, wann sie wiederkommen, aber auf die Minute wird es nicht ankommen.

Meine leibliche Mutter ist eine liebevolle Frau. Sie ist verständnisvoll und hilfsbereit. Ich glaube, sie kann zu jedem nett sein. Was ich nicht gut finde ist, dass sie viel redet und dass sie trinkt. Sie ist Alkoholikerin. Aber ich glaube, dass sie jetzt trocken ist.

Sie hat getrunken und geraucht, auch während sie mit mir schwanger war. Das war sicher auch ein Grund, dass sie mich weggegeben hat. Doch sie konnte mich auch vom Geld her nicht halten. Sie hat uns alle vier weggegeben. Die anderen drei hat sie gleich anderen Familien gegeben. Und mich hat sie ins Heim gesteckt. Sie hat es jedoch nicht böse gemeint. Sie wollte uns nur was Besseres geben.

Sie wusste auch gar nicht, dass ich aus dem Heim wegkomme. Sie wollte mich einmal mit meinem Vater zusammen im Heim besuchen. Da war ich schon weg. Das find ich nicht gut vom Jugendamt, weil man sich doch dann Sorgen macht. Da kann ich sie gut verstehen, dass sie ein bisschen sauer auf das Jugendamt war. Auf meine Eltern kann sie ja nicht sauer sein, weil die nichts dafür konnten.

In der siebten Klasse habe ich ständig meine Mutter gefragt, wo meine leibliche Mutter lebt. Und mit wem sie lebt. Und wie viel Geschwister ich noch habe. Und dass ich sie doch gerne mal sehen würde oder schriftlich kennen lernen möchte. Meine Mutter hat dann dem Jugendamt in Berlin geschrieben und hat dabei gefragt, ob es sie noch gibt und ob sie die Adresse von ihr haben kann. Das haben sie auch gemacht. Meine Mutter hat ihr dann einen Brief geschrieben. Dann hat meine leibliche Mutter gleich einen ganz langen Brief zurückgeschrieben. Im Brief waren auch zwei Fotos: Eines war von ihr und meinem

Vater. Das andere war von meinen Schwestern. Von meinem Bruder war kein Foto dabei. Als ich das Foto gesehen hab, hab ich mich doch erst einmal ziemlich erschrocken, da ich mir meine Mutter ganz anders vorgestellt habe. Ich hab gedacht: Oh was ist das für eine Frau. Meine Mutter sollte eigentlich immer lange braune Haare haben und schlank aussehen. So hab ich mir sie gewünscht. Sie ist jedoch rothaarig gefärbt, hat halblange Haare und ist ziemlich breit. Sie war wohl schon immer breit.

Wenn ich abends geträumt hab, war sie immer in meiner Vorstellung da. Ich hatte von ihr geträumt, als ich noch nichts von ihr gehört hatte. Nachdem ich das Foto sah, habe ich gar nicht mehr von ihr geträumt. Jetzt weiß ich ja, wie sie aussieht.

Mein Vater sieht auf dem Foto sehr nett und sympathisch aus. Gar nicht so wie ein Alkoholiker. Doch ich bin erschrocken, was sie von ihm erzählt hat. Er ist Alkoholiker und schlägt zu, wenn er getrunken hat. Er hat meine Mutter und meine Geschwister geschlagen. Meine Mutter war 18 Jahre mit ihm zusammen. Sie hatte ihn zwar öfter schon für ein paar Wochen rausgeschmissen, aber er ist immer wieder gekommen. Klar, dann hat sie wieder ein weiches Herz gekriegt. Meine Geschwister waren zwar dagegen, aber trotzdem hat sie ihn immer wieder reingelassen. Er meinte dann immer, dass er aufhört zu trinken und zu schlagen. Das ging dann zwei, drei Wochen gut, doch länger nicht. Dann fing er wieder damit an. Auch wenn meine Schwester beispielsweise Besuch von einer Ausländerin, einer Türkin hatte, und er angetrunken nach Hause kam, gab es Ärger. Dann hat er meine Schwester beschimpft und sagte zu der Freundin meiner Schwester, dass sie sofort das Haus verlassen und sich nie wieder blicken lassen soll. Er hat ihr dann einen Schlüssel gegen den Kopf geschmissen, so dass sie nicht mehr wiederkam. Als sie wegging, hat meine Schwester dann den Rest abgekriegt.

Meine zweitjüngste Schwester war auch eine Zeit lang im Heim und ist mit 14 dort rausgekommen. Anschließend lebte sie ein Jahr bei meiner Mutter zu Hause. Dann waren sie zu dritt, und wenn er angetrunken kam, hat er sogar mit Möbelstücken rumgeworfen. Sie hat meine Schwester in Schutz genommen, damit sie nichts abkriegt, sondern nur sie alleine. Sie wollte, dass den Kindern nichts passiert. Nach einem Jahr ist meine Schwester dann in ein Internat gegangen. Sie war ziemlich ungepflegt. So wie einige Jugendliche, die am Bahnhof rumlaufen. Meine Mutter meinte, dass sie sich im letzten Jahr gut entwickelt hat. Sie hat mir ein Foto gezeigt. Meine Schwester sieht wirklich gut darauf aus.

Meine ältere Schwester ist in einer Pflegefamilie groß geworden und hat sich irgendwann ganz normal davon gelöst. Jetzt hat sie selber Familie mit drei Kindern. Sie lebt jetzt aber in Scheidung, da ihr Mann auch so einer wie mein Vater war. Er hat ebenfalls getrunken. Ich weiß nicht, ob er auch zugeschlagen hat.

Meine leibliche Mutter hat dann noch ein bisschen über meinen Bruder erzählt, der vor ein paar Jahren einen schweren Autounfall hatte. Man hätte glauben können, dass er nicht durchkommt. Er war drei Jahre im Krankenhaus. Er hatte alles verlernt. Er konnte weder sprechen noch laufen. Er konnte sich gar nicht bewegen.

Meine leibliche Mutter, so erzählte er mir, hat sich erst wieder bei ihm gemeldet, als er im Krankenhaus lag. Seitdem will mein Bruder nichts mehr von ihr wissen. Er konnte nicht verstehen, warum sie jahrelang nichts von sich hören ließ. Er ist der Einzige von uns anderen drei, der nichts mehr von ihr wissen will. Meine jüngere Schwester hatte ihm erzählt, dass er noch eine Schwester hat. Das wusste er gar nicht. Wir beide haben jetzt auch Kontakt aufgenommen. Wir schreiben uns Briefe und telefonieren miteinander. Er hat mir erzählt, wie er es geschafft hat, wieder laufen und sprechen zu können. Er musste wie ein Kind alles wieder von neuem lernen. Mittlerweile fährt er sogar wieder Auto, was ich nicht begreife. Wenn er es so machen muss, dann soll er es halt. Wir wollen uns bald sehen. Er kommt zu uns. Und danach fahren wir zu ihm. Alleine möchte ich nicht hinfahren, weil er mir schon fremd ist und ich zu aufgeregt bin. Meine Mutter fährt mit.

Meine leibliche Mutter wollte auch, dass ich nach Berlin zu ihr komme. Alleine wollte ich nicht zu ihr fahren, weil ich nicht weiß, wie sie lebt. Ich hätte ein bisschen Angst, alleine dort hinzufahren.

Ich wollte meine leibliche Mutter zuerst nur auf dem Foto sehen. Das hat mir gereicht. Ich habe auch gedacht, dass sie mich alle nicht haben wollen. Von meinen Schwestern habe ich noch immer nicht die Adressen. Bisher wollte ich das aber auch noch nicht.

Seit letztem Jahr habe ich nichts mehr von meiner leiblichen Mutter gehört. Ich habe ihr zu Weihnachten und zu ihrem Geburtstag geschrieben. Und im Frühjahr ebenfalls. Sie hat im Januar oder Februar zurückgeschrieben und seitdem habe ich nichts mehr von ihr gehört. Dass sie nicht schreibt, tut mir nicht weh. Vielleicht geht es ihr ja ganz schlecht, dass sie deshalb nicht schreiben kann oder will. Sie muss nicht schreiben, wenn sie nicht will. Eine Zeit lang hat sie einmal die Woche geschrieben.

Als sie hier war, sagte sie einmal, dass ich zu Hause zu viel machen muss. Sie fragte mich, ob mich das nicht stören würde. Dabei muss ich nicht viel machen. Es liegt vielleicht daran, dass sie nichts macht. Sie war aber begeistert von mir. Sie fand meine Eltern schon nett, aber sie meinte auch, dass sie zu streng zu mir wären. Sie weiß durch meine Briefe eigentlich alles über mich.

Es war so, dass sie bei uns zu Hause keinen Alkohol gekriegt hat. Das haben wir extra gemacht. Sie durfte ausnahmsweise rauchen im Haus, was sonst keiner darf. Wir sind gemeinsam zum Freimarkt gegangen, wo sie auch Geld von meinen Eltern bekommen hat. Meine Mutter hatte ihr Geld gegeben, weil sie nicht viel dabei hatte. Damit sie auch Geschenke für zu Hause kaufen konnte. Als wir Pause machen wollten, fragte sie mich, ob ich etwas dagegen hätte, wenn sie jetzt ein Bier trinken würde. Ich hab überlegt und sagte ihr dann, dass ich ein Bier in Ordnung finde. Aber bitte nicht mehr. Das hat sie auch so gemacht. Das fand ich ziemlich erstaunlich von ihr.

Es kann sein, dass meine leibliche Mutter ein bisschen neidisch auf meine Eltern und dieses Haus hier war. Es kann sein, dass es daran liegt, dass sie nicht mehr schreibt. Ich weiß es aber nicht.

Ich habe kein Interesse mehr, meinen Vater zu sehen. Das liegt daran, was ich von meiner leiblichen Mutter über ihn gehört habe. So einen Menschen sehe ich nicht als meinen Vater an. Auch wenn ich seine einzige Tochter sein sollte, möchte ich nichts von ihm wissen. Ich möchte keinen Alkoholiker als Vater und ich möchte auch keinen Vater, der ständig mit anderen zusammen Ausländer rausekeln will.

Meine leibliche Mutter findet das auch nicht gut, was er da macht. Sie sagt, dass er der Anführer einer Gruppe ist. Er geht mit anderen zusammen auf Kneipentour und schlägt Ausländer zusammen. Sie hat meinen Vater nun ja endgültig rausgeschmissen.

Sie ist jetzt mit einem Griechen zusammen. Deshalb hat sie jetzt besonders Angst vor meinem Vater. Es kann ja sein, dass er sie gemeinsam mal auf der Straße trifft.

Dadurch, dass meine Mutter in der Schwangerschaft geraucht und getrunken hat, habe ich jetzt noch Lernschwierigkeiten. Meine Geschwister haben die gleichen Schwierigkeiten. Sie haben alle einen erweiterten Hauptschulabschluss. Den werde ich auch noch schaffen, obwohl ich es nicht genau weiß. Ich weiß nicht, wie meine anderen Geschwister das ohne Hilfe geschafft haben. Ich bin ziemlich schlecht in Mathe. Das wird auch immer so bleiben. Da kann ich lernen, so viel ich will, das bleibt einfach nicht im Kopf. In der Schule geht es immer ganz gut. Nach den Ferien ist fast alles wieder weg, was ich gelernt habe. Es gehen grade eben mal die einfachsten Aufgaben. Ich sage auch ständig, dass ich das nicht kann. Ich trau mir zu wenig zu. Viele meinen, dass ich mehr schaffen könnte, wenn ich mehr machen würde. Manchmal verzweifel ich daran. Ich bekomme Hilfe von meinem Vater und das jeden Tag, weil ich für meinen Abschluss lernen muss. Da sitzen wir manchmal eine Stunde an einer blöden Aufgabe, die jeder Fünftklässler schon kann. Ich bin jetzt 18 und kann das nicht. Das bedrückt mich schon.

In Englisch machen sich die Schwierigkeiten auch bemerkbar. In der Schule spielen wir Theater. Wenn ich den Text richtig lerne, dann kann ich das irgendwann. Bei Mathe und Englisch funktioniert das nicht. Wenn ich in Mathe die Aufgaben nicht lösen kann, bin ich manchmal richtig sauer auf mich.

In Deutsch ist es anders. Ich schreibe jeden Tag Tagebuch und schreibe viele Briefe. Egal an wen. Ich habe auch ein Buch geschrieben.

Ich habe Träume gehabt, die ich spannend fand. Die musste ich unbedingt aufschreiben. Ich habe sie als Geschichten geschrieben. Mein Bruder hat die Fehler korrigiert. Dann habe ich das Buch meinem Vater zum Lesen gegeben. Er fand das total gut.

Eine Geschichte erzählte davon, dass meine Eltern für ein halbes Jahr in Urlaub geflogen sind. Ich habe Freunde zu mir nach Hause eingeladen. Wir haben ein halbes Jahr hier gelebt. Der Lehrer rief an, dass er eine Woche krank ist und wir deshalb keinen Unterricht haben. Als wir wieder zur Schule gefahren sind, war alles dunkel. Es war Winter, dunkel und unheimlich. Doch die Schule war offen und in den Räumen hingen ganz viele Leichen. Wir sind dann ganz schnell nach Hause gefahren. Im Briefkasten lag ein Zettel. Auf dem Zettel stand: Wenn ihr den grünen Kristall gefunden habt, ist alles wieder in Ordnung. Wir haben uns sofort auf die Suche begeben. Wir wurden dann immer weniger. Natürlich ist dann der Mensch oder das Monster gekommen, der einen nach dem anderen umgebracht hat. Wir waren irgendwann noch vier und hatten die Aufgabe, den Kristall zu finden. Den haben wir dann auch am Schulsee gefunden. Er hat auf dem See an der Schule gefunkelt. Wir haben ihn dann dort rausgeholt. Wir sollten einen Spruch aufsagen, den wir irgendwann einmal gehört haben. Eine von uns hat diesen Spruch aufgesagt und dabei aber die Hälfte vergessen. So musste es ein anderer machen, der es gerade eben mal geschafft hat. Danach war alles wieder gut. Meine Eltern sind wieder gekommen und haben mich gefragt, ob es mir gut geht. Ich habe ihnen dann erzählt, dass alles gut gegangen sei und nichts passiert wäre. Ich glaub die Geschichte heißt „Vom Bösen zum Guten".

Die zweite Geschichte war, dass aus meiner Schule ein Kloster geworden ist. Ich hatte meine Eltern durch einen Unfall verloren. Deshalb bin ich ins Kloster gegangen und wurde von denen betreut. Als ich 15 oder 16 war, ging ich dorthin. Dort war alles grau und hässlich gemacht und es war fürchterlich kalt. Auf jeden Fall wollte ich irgendwann von dort weg. Alle Nonnen außer einer waren total fies zu mir. Die nette Nonne hat mir geholfen, dort rauszukommen. Wir haben es dann auch geschafft und ich bin in irgendeinem Nebendorf gelandet. Dort habe ich eine Wohnung gefunden. Nach einigen Jahren bin ich zu dem Kloster gefahren, um die Nonne zu besuchen, die mir geholfen hatte. Doch das Kloster war auf einmal weg. Auf dem Platz war alles bepflanzt. Es ist alles grün geworden. Ich bin in die Stadt gefahren und habe Einkäufe erledigt. Zufällig hab ich dabei die Nonne getroffen, die dann aber keine mehr war. Sie wurde meine Freundin und wir sind dann zusammengezogen. Sie war älter als ich und hat Verantwortung für mich übernommen.

Ich denke, dass meine leibliche Mutter wusste, dass Rauchen und Trinken in der Schwangerschaft ihren Kindern schaden kann. Es gibt sicher Kinder, die es noch schlimmer als wir erwischt haben. Die körperliche Schäden davon getragen haben. Da haben wir noch Glück gehabt. Manchmal, wenn ich Mathe wieder nicht geschafft habe und heulend in mein Zimmer gehe, krieg ich Wut auf sie. Dann denke ich: Diese Mutter, wenn sie nur nicht in der Schwangerschaft getrunken und geraucht hätte, dann wäre es jetzt sicher nicht so quälend für mich. Wenn ich wütend bin, denke ich schlecht über sie. Irgendwann tut es mir nach ein paar Stunden auch wieder Leid, dass ich so über sie gedacht hab.

Manchmal, wenn ich hier Streit habe, sage ich auch, dass ich weg will. Dann ist mir im Kopf, dass ich nach Berlin fahre und dort mein Leben zu Ende lebe. Wenn es mir dann wieder besser geht und ich darüber nachdenke, bin ich so sauer über mich, dass ich so etwas gedacht hab. Dann denke ich: So ein Blödsinn. Ich hab es echt gut gehabt und hab es immer noch gut. Ich kann meinen Eltern ziemlich viel verdanken. Dadurch, dass sie mich aus dem Heim rausgeholt haben, ist mir ziemlich viel erspart geblieben.

Bei einem Streit zu Hause hab ich gedacht, dass ich ja noch andere Eltern habe. Und dass ich auch weggehen kann. Ich habe es jedoch niemals gesagt, weil ich es auch nie ernst gemeint habe. Wenn ich sauer bin, sage ich schon einmal, dass ich weggehe. Aber ich gehe nicht. Es ist öfter vorgekommen, dass es für mich einen Reiz gibt wegzugehen. Dieser Reiz ist immer da, wenn die Stimmung hier so schlecht ist. Dann möchte ich die Freiheit haben.

Es ist meine Schuld, dass wir uns streiten. Meistens geht es um meine Lügengeschichten. Ich habe hier auch die Treue gebrochen. Sie wissen nicht, was sie mir glauben können und was nicht. Weil es zu oft vorgekommen ist. Ich sage immer die Unwahrheit, wenn ich denke, dass ich Ärger kriege. Ich denke auch, wenn ich ihnen die Wahrheit sage, dann flippen die aus. Und wenn ich mir eine Geschichte ausdenke, dann glauben sie mir. Meistens kriegen sie das aber nach ein, zwei Tagen raus, was ich da zusammengereimt habe. Und dann gibts großen Ärger.

In den Sommerferien hat mir meine Mutter Geld gegeben. Das Geld hab ich dann bis auf den letzten Pfennig ausgegeben. Für Lebensmittel und auch für Zigaretten für mich. Als ich nach Hause gekommen bin, sollte ich mit meiner Mutter abrechnen. Da ich keinen Pfennig mehr mitbrachte, hat meine Mutter sich natürlich gewundert. Dann habe ich aufgezählt, was ich alles gekauft habe.

Wir sind grade mal bei 50 DM angekommen, doch ich hatte über 100 DM bekommen. Und dann saß ich da und dachte, was ich jetzt noch sagen könnte. Meine Eltern sagten dann, dass ich nicht drumherum käme, deshalb müsste ich das jetzt sagen. Es hat sich in die Länge gezogen, weil ich nicht wusste, was ich jetzt sagen sollte. Es war schon ziemlich spät und meine Mutter war schlapp. Ich hab innerlich tierisch gezittert. Ich kann das Wort Zigaretten eigentlich nicht aussprechen. Ich sagte dann, dass ich Peter Zigaretten gekauft hätte, weil er mich nach Lingen gefahren hat. Dann sind sie so sauer auf den geworden, aber nicht auf mich. Doch auf mich auch, weil ich so blöd war, dass ich ihm das Geld dafür gegeben habe. Das haben wir dann erst einmal so stehen gelassen. Irgendwann hat meine Mutter bei Peters Mutter angerufen. Sie sagte zu ihr, dass ihr Sohn mich ausgenutzt hätte und von ihr Geld verlangt hätte für Zigaretten. Seine Mutter sagte ihr, dass sie das nicht glauben könne, da Peter so etwas nicht machen würde.

Meine Mutter fragte mich, ob ich denn auch einmal geraucht habe. Ich sagte zu ihr, dass ich doch gesagt hätte, dass ich nie rauchen würde, damit ich einen Hund kriege. Sie hatte zu mir gesagt, wenn ich nie rauche, kriege ich mit 21 oder so einen Hund von ihr. Aber es stimmt ja nicht, dass ich nicht rauche. Ich habe dann Peter bestellt zum Reden und habe ihm gesagt, dass ich mich von ihm ausgenützt fühlen würde. Meine Mutter sagte nur, dass ich das mit dem Geld klären soll. Das andere sei nicht so wichtig. Das hab ich so gemacht. Er wollte dann aber klarstellen, was da eigentlich los ist, weil er von gar nichts wusste. Wir saßen dann zu dritt bei uns in der Küche und haben geredet. Ich habe gar nichts gesagt. Meine Mutter sagte dann zu ihm, dass sie mir viel mehr glauben würde, da ich ihre Tochter sei. Einen Tag später hab ich darüber noch einmal mit meinen Eltern geredet. Da hat sich herausgestellt, dass ich die Zigaretten für mich gekauft hatte. Und ihm nur ab und an eine gegeben habe. Das war ein schlimmer Streit. Ich habe kaum noch einen Ton rausgekriegt. Meine Mutter war besonders sauer und fragte mich, wie es weitergehen soll. Sie sagte auch: „Ob wir hier deinetwegen alles zuschließen müssen, damit du kein Geld wegnehmen kannst?"

Meine Eltern möchten nicht, dass ich rauche. Ich weiß auch nicht, woher das kommt, dass ich rauche. Obwohl ich ihnen versprochen hab, das nicht zu tun. Meine Mutter sagt, das ist hier ein Nichtraucherhaus und sie möchte nicht, dass eines von uns Kindern raucht. Ich rauche, damit es mir danach besser geht. Wenn ich aufgeregt oder traurig bin, muss ich immer eine rauchen.

Ich frag mich oft, warum ich das mache. Es gibt keine Gründe, meine Eltern anzulügen. Meine Geschwister sagen immer, dass ich meinen Eltern alles erzählen kann und dass sie mir bei Problemen helfen würden. Das Problem ist auch, dass sie gar nicht wissen, wie es mir geht. Weil ich meinen Eltern gar nichts darüber erzähle. Wenn sie nachfragen, mit wem ich weg war und wo ich war, dann denke ich: Was geht sie das eigentlich an?

Meine Mutter hat durch meinen Lehrer erfahren, wie es mir geht. Ich habe ihm von meinen Lügengeschichten erzählt und dass es mir dabei schlecht geht, weil solche Geschichten erzählt kein normales und anständiges Mädchen. Er hat dann bei uns zu Hause angerufen. Meine Mutter hat sich dann mit mir hingesetzt und hat gesagt, dass ich alles erzählen könne, auch über meine Gefühle. Das habe ich auch versucht. Ich saß in einer Ecke im Wohnzimmer und meine Mutter hat sehr viele Fragen gestellt. Ich hab immer ganz kurz geantwortet und fing irgendwann an zu heulen. Da hat es meiner Mutter auch Leid getan mit den ganzen Streitereien. Dann ging es eine Zeit lang gut und nun fängt es schon wieder an.

Sie sagten zu mir, dass ich sie hinters Licht führen würde und verarschen wollte. Natürlich will ich das nicht. Ich bin anders, als sie mich haben wollen. Ich denke, dass es auch daran liegt, dass meine leibliche Mutter hier war, weil sie anders als meine Eltern ist. Weil sie auch mal abends weggeht.

Mir würde gefallen, wenn meine Eltern mal abends zusammen weggehen würden. Dass sie mal etwas zusammen unternehmen. Einige Eltern machen so was auch. Meine Geschwister und ich wundern uns manchmal, warum sie so etwas nicht machen. Wenn meine Mutti mal was machen will, dann geht es mit meinem Vater nicht, weil er immer irgendwas zu tun hat. Das nervt mich. Er arbeitet jeden Tag und das Wochenende ist eben frei. Da muss man nicht arbeiten. Dann könnten sie mal was Schönes zusammen machen. Aber das machen sie gar nicht. Nur wenn sie mal eingeladen sind, aber das ist auch nicht oft. Mein Bruder traut sich das mehr, ihnen das zu sagen. Meistens ist es abends so, dass meine Mutter liest oder im Haushalt etwas macht. Und mein Vater arbeitet. Dass wir alle zusammen etwas unternehmen, ist selten. Mir ist wichtiger, dass die beiden mehr Zeit für sich haben, als dass sie mit uns Kindern was unternehmen. Es ist doch auch mal schön, die Kinder nicht zu sehen. Andersherum denke ich das auch.

Ich kann bestimmen, wann ich abends nach Hause komme. Mein Bruder kommt manchmal erst am Morgen um halb sieben nach Hause. Ich komme früher nach Hause. Meine Mutter macht sich immer so viele Sorgen um mich. Wenn ich sage, dass ich um zwei nach Hause komme, aber erst um vier da bin, dann können sie nicht schlafen. Meine Mutter liegt dann meistens wach. Deshalb bin ich lieber pünktlich zu Hause. Mein Bruder sagt von vornherein keine Zeit an, sondern kommt wieder, wenn er Lust hat. Vielleicht ist es einfacher, weil er ein Junge ist. Wir sind zu Hause immer alle gleich behandelt worden. Wenn mein Bruder weg ist, dann können meine Eltern schlafen. Früher, als ich noch etwas früher nach Hause kam, sind meine Eltern noch extra aufgeblieben, bis ich zur Tür reinkam. Manchmal hat mein Vater auch den Wecker gestellt. Auf Punkt zwei Uhr. Als ich um Punkt zwei Uhr nach Hause kam, habe ich den Wecker von meinem Vater klingeln gehört. Dann habe ich gedacht: Wenn ich jetzt später gekommen wäre, hätte es Ärger gegeben.

Ich trau mich wenig zu sagen, weil ich immer denke, dass es sowieso nichts bringt. Sie widersprechen mir oder fangen an zu meckern. Manchmal hab ich Lust zu widersprechen, aber das klappt dann nie. Manchmal möchte ich es machen wie mein Bruder. Es war immer so, dass es mir zu Hause schwerer fiel, einen Konflikt anzusprechen, als in der Schule. Ich glaube, ich hab hier Angst davor. Ich weiß nicht warum.

Meine Eltern haben zu mir nie gesagt, dass ich ausziehen muss. Ich habe meine Aufgaben, die ich hier erledigen muss. Aber es wird auch viel für mich gemacht. Manchmal kommt es vor, dass ich in eine Einrichtung wie eine Jugendwohngemeinschaft möchte. Ich möchte einfach mal sehen, was ich schon alleine machen kann.

Aber manchmal will ich das dann doch nicht. Ich habe es hier doch voll gut. Ich bekomme hier alles umsonst. Es geht mir hier mit meinen Eltern doch am besten. Irgendwann aber muss ich hier sowieso mal raus. Mein Bruder zieht jetzt mit 20 Jahren aus.

Ich möchte Kosmetikverkäuferin werden. In den letzten Sommerferien habe ich bei Horten in der Kosmetikabteilung gearbeitet. Das hat mir unheimlich viel Spaß gemacht. Jetzt muss ich mal schauen, ob ich das schaffe, Verkäuferin zu lernen. Wenn ich das mache, muss ich ohnehin ausziehen, weil ich in Bremen

Kosmetikverkäuferin nicht lernen kann. Es gibt hier eine Schule, von der man sagt, dass die jeder schafft. Die soll nicht so gut sein. Deswegen soll ich in eine andere Stadt. Wahrscheinlich nach Essen oder Duisburg. Als Kosmetikerin gefällt mir, andere Menschen zu gestalten, sie fürs Theater zurecht zu machen. Ich schminke auch gern Klassenkameradinnen.

Mein Traumberuf ist aber, im Tierheim arbeiten zu können. Einfach mit Tieren zusammen sein. Die Chancen sollen nicht so gut sein, in dem Bereich eine Lehrstelle zu kriegen. Für den Abschluss braucht man mittlere Reife, während man Kosmetikverkäuferin auch mit Hauptschulabschluss erlernen kann.

Meine Mutter hat Angst davor, dass ich mit so einem Mann wie meinem leiblichen Vater zusammen sein werde. Bei meinem jetzigen Freund hat sie dieses Gefühl. Meine Mutter mag meinen Freund nicht so unbedingt gerne. Ich verstehe mich gut mit ihm. Na ok., nicht mehr so gut. Sie meint, dass er mich psychisch verletzen würde. Ich hab ihm schon so oft gesagt, dass er das lassen soll. Dann ging es immer eine Zeit lang gut und dann fing es wieder an. Irgendwann reicht es dann. Meine Mutter sagt, dass sie hofft, dass ich irgendwann einen anderen kennen lerne. Er verletzt mich, indem er immer so blöde Wörter oder Sprüche zu mir sagt. Oder wenn er mich mit einem anderen Mädchen eifersüchtig macht. Das kann ich nicht ausstehen. Er erzählt so wenig von sich, wie es ihm so geht. Das würde mich sehr interessieren. Vielleicht liegt es auch daran, weil er ein Waisenkind ist. Irgendwie schüttet er alles in sich hinein. Ich will ihm ja helfen. Aber statt darüber zu reden, erzählt er über andere Mädels. Das ist jedes Mal so, wenn er hier ist. Irgendwann nervt das dann. Er versteht das gar nicht, dass mich das verletzt. Es ist nicht so einfach mit ihm. Das Problem ist auch, dass ich mir niemand anders als ihn vorstellen kann. Ich hänge ziemlich an ihm. Wir sind auch schon fast drei Jahre zusammen.

Er hat noch nie Mädchen geschlagen. Er sagt auch, dass er das nicht mag. Da passe ich aber auch auf. So etwas muss ich nicht haben. Wenn das mal passieren würde, wäre es aber auch aus zwischen uns. Deswegen habe ich mich immer über meine leibliche Mutter gewundert, warum sie das 18 Jahre mitgemacht hat. Mein leiblicher Vater hat die echt grün und blau geschlagen. Da fragt man sich wirklich, warum sie nicht begriffen hat, dass der immer weiter schlägt. Ich kann es nie verstehen. Sie hätte in den 18 Jahren einen netteren Mann kennen lernen können. Doch sie musste ja unbedingt mit ihm zusammenbleiben.

Sie meint, der neue Mann ist das Gegenteil von meinem Vater. Er soll ganz lieb und nett sein. Aber das kann sich noch alles ändern. Ich kenne meine Mutter nicht, mit wem sie dauernd so rumhängt. Ich bin misstrauisch. Wenn sie wieder so einen Mann sucht, ist sie selber schuld. Sie hat das ja viermal durchgemacht. Wir Geschwister sind ja alle von einem anderen Mann. Alle waren ähnlich. Mein Vater war am schlimmsten. Einen davon hat sie geheiratet. Der hieß Maurer. Ich hieß bis vor kurzem auch Maurer mit Nachnamen.

Ich habe meinen Nachnamen vor einem halben, drei viertel Jahr umändern lassen. Ich heiße jetzt Wagner. Ich meine, wir heißen alle Wagner. Alle kennen mich als Wagner. In der Schule habe ich mich immer mit Angela Wagner gemeldet. Auch am Telefon. Nicht mit Maurer, das wollte ich gar nicht. Meine Eltern haben mich gefragt, ob ich meinen Namen auch offiziell verändern möchte. Ich habe darüber nachgedacht und habe gesagt, dass ich das natürlich möchte. Ich fühle mich als Wagner. Und nicht als Maurer.

Daniel, 13 Jahre

Meine Eltern haben mich in kochendes Wasser gesetzt

Ich spiele am liebsten Fußball, weil man da Tore halten und schießen kann. Das macht einfach Spaß. Ich halte lieber Tore, weil man damit die Mannschaft zum Sieg führen kann. Manchmal. Mit den Nachbarjungs spiele ich manchmal und da bin ich im Tor. Ich habe mal im Fußballverein gespielt. Dort spiel ich aber nicht mehr, weil mich in diesem Verein Jungs geärgert haben. Die wollten von mir und meiner Schwester Geld haben. Sie haben gesagt, dass wir ihre Fahrräder kaputt gemacht hätten. Die haben wir nicht kaputt gemacht. Die Jungs haben gesagt: Wenn du uns nicht das Geld gibst, verprügeln wir dich. Da bin ich lieber aus dem Verein rausgegangen. Ich hab das auch dem Trainer gesagt. Er wollte mit den Jungs reden. Das hat er aber bis heute nicht gemacht. In diesen Verein gehe ich nicht mehr, aber vielleicht in den Verein in Ganderkesee. Das wären sechs Kilometer von hier. Die paar Kilometer würde ich mit dem Fahrrad fahren.

Werder gewinnt heute gegen Bayern. Vielleicht doch nicht. Ich denk, sie werden verlieren. Wegen Rizzitelli und Scholl. Das sind gute Spieler. Und vor allem Rizzitelli kann gute Kopfbälle machen. Mein Lieblingsspieler ist Heimo Pfeifenberger von Werder Bremen. Der hat in der letzten Woche in Duisburg ein ganz gutes Tor geschossen.

Ich bin dreizehn Jahre und gehe in die Sonderschule in Ganderkesee. Da fahr ich jeden Tag mit dem Bus hin. Sport und Deutsch mach ich am liebsten. In Deutsch lesen wir manchmal Geschichten aus Büchern. Wir schreiben auch Diktate. Vor dem letzten Diktat hab ich viel geübt. Ich glaub, ich hab ein gutes Diktat geschrieben.

Ich hab keine Lieblingsgeschichte. Aber ich lese gern das Werderbuch. Ich lese aber auch gern Kommissar Kugelblitz. Das sind so verschiedene Geschichten. Da werden Fälle gelöst. Manchmal wird da irgendwo eingebrochen und dann ruft die Polizei bei ihm an. Und er versucht dann, als Kommissar den Einbruch aufzuklären.

Ich lese nicht so oft. Es kommt mal vor, wenn mir langweilig ist. Asterix find ich auch gut. Obelix ist so witzig, weil er so komisch läuft. Was mir so gefällt ist, dass sie den Zaubertrank besitzen. Und wenn die mal Ärger kriegen, dann trinken sie davon. Und dann sind sie stärker. Mit dem Zaubertrank gewinnen sie gegen die Römer. Obelix ist der Freund von Asterix und ist auch ohne Zaubertrank ganz stark. Der Obelix ist als kleines Kind in den Zaubertrank gefallen. Deshalb ist er so stark. Einmal hat er Asterix aus dem Feuer rausgeholfen. Er wäre eigentlich schon tot gewesen, doch dann hat er Asterix noch ganz schnell mit der Hand rausgezogen.

Tom Sawyer find ich ganz gut, weil er immer Unsinn gemacht hat. Einmal hat seine Oma ihn dabei erwischt und dafür musste er den ganzen Zaun vor dem Haus anstreichen. Dann hat er noch einen Freund gefunden, zu dem er sagte, ob er das nicht für ihn erledigen kann. Und der Freund hat gesagt, dass er es macht. Tom Sawyer gefiel mir auch, weil der sich selber ein Floß gebaut hat und damit losgesegelt ist. Er hatte keine Eltern mehr, sondern nur seine Oma. Sie hat für ihn gesorgt. Ich hab das Buch gelesen, weil es spannend war. Einmal hat er auch seiner Oma die Brille weggenommen. Dann konnte sie nichts mehr sehen. Er hat der Oma das Geld weggenommen und wollte deshalb nicht, dass die Oma das Geld bei ihm findet. Die Oma hat die Brille aber wiedergefunden und ist hinter ihm hergerannt, aber Tom Sawyer war schneller. Er kam jedoch immer wieder zur Oma zurück.

Ich wohne seit zehn Jahren bei meinen Eltern. Ich kann mich noch gut erinnern, als ich mit Verbrennungen im Krankenhaus lag und meine Pflegeeltern mich besuchten. Sie haben mich gefragt, ob sie mich als Pflegekind haben könnten. Die Ärzte haben aber gesagt, dass ich noch eine Weile dort bleiben muss wegen Untersuchungen. Das war schön für mich, dass sie mir das gesagt haben. Und als ich aus dem Krankenhaus kam, sind wir erst einmal Eis essen gegangen.

Ich bin in der Badewanne mit kochendem Wasser verbrannt worden. Meine richtigen Eltern haben mich da reingesetzt. Ich war da erst ein Jahr alt oder so. Dann sind sie rausgegangen. Dann war ich verbrannt und erst dann haben sie mich rausgeholt und haben mich einfach in eine Ecke gesetzt. Dann kam eine Frau und hat mich erstmal ins Krankenhaus gefahren. Meine Eltern sind kein einziges Mal ins Krankenhaus zum Besuchen gekommen.

Ich war an den Füßen und am Po verbrannt. Oben an den Beinen auch ein bisschen, aber das ist schon alles verheilt. Jetzt bin ich nur noch auf den Füßen verbrannt. Die Haut war mal wie Berge. Sie war nicht glatt. Nur weil ich so doll geschrien hab, ist die Frau gekommen und hat mich ins Krankenhaus gebracht. Ich war zweieinhalb Jahre im Krankenhaus in Oldenburg. Nie sind meine Eltern gekommen, nur meine Pflegeeltern haben mich besucht. Die Ärzte haben bei uns zu Hause angerufen und haben gefragt, ob meine jetzigen Eltern noch zwei Pflegekinder aufnehmen würden. Sie haben von dem Unfall gehört und dann haben sie gesagt, dass sie meine Schwester und mich aufnehmen würden. Ich kann mich nicht an die Krankenhauszeit erinnern. Nur einmal erzählte mir meine Pflegemutter, dass ich im Krankenhaus nach Mama geschrien habe.

Jetzt denk ich öfter darüber nach, warum meine richtigen Eltern so etwas machen konnten. Ich bin schon sauer. Wenn wir schwimmen gehen, lachen mich die anderen immer aus wegen den Narben. Dann nennen sie mich immer Brandarsch. Die Schüler bei uns in der Schule nennen mich immer so. Einer hat mal zu den anderen gesagt: Was kann er denn dafür, dass die Eltern ihn in eine kochende Badewanne gesteckt haben? Ich fand es gut, dass das mal einer gesagt hat. Dann haben die anderen auch mal damit aufgehört. Jetzt sagen sie es nicht mehr so oft. Es liegt daran, dass bei mir einer in der Klasse ist, der behinderte Füße hat. Der läuft ja wie ein Pinguin. Und zu dem sage ich auch nicht: Du Pinguinläufer. Der hat auch zu den anderen gesagt, dass sie damit aufhören sollen.

Manchmal spotten sie schon noch über mich: Wenn ich beim Fußballspielen vor dem Tor stehe und das Tor nicht treffe. Wenn die Brandarsch zu mir sagen, sage ich, dass ich doch gar nichts dafür kann. Manchmal werde ich wütend und würde ihnen gern eine klatschen. Das letzte Mal, wo wir auf Freizeit waren, hat das wieder einer zu mir gesagt. Der hat das ein paar Mal zu mir gesagt und da musste ich weinen, weil ich da so stinksauer war.

Meine Lehrer haben den anderen erklärt, dass ich dafür nichts kann. Und sie haben gesagt, sie sollen mich so akzeptieren wie ich bin. Wenn ich einen Arm abhabe, dann muss man mich doch auch so akzeptieren. Christian, der Pinguinläufer, ist mein Freund. Wir spielen fast immer, wenn wir verabredet sind, Fußball. In der Klasse hat er gar keinen Freund, mit dem er spielt. Weil er so wie ein Pinguin läuft, spielt sonst niemand anders mit ihm. Wenn wir verabredet sind, fahr ich immer zu ihm, weil er kein Fahrrad hat.

Angst hab ich im Sport nicht. Wenn ich das Tor nicht treffe, sage ich zu den anderen, dass man manchmal eben auch Pech hat. Dann sagen sie, dass ich Recht habe. Und dass sie auch nicht jeden Tag das Tor treffen.

Rechnen find ich doof. Ich habe in der letzten Mathearbeit eine Sechs geschrieben. Bei uns ist immer einer in der Klasse, der im Unterricht singt. Er singt irgendwelchen Quatsch. Es geht doch nicht, wenn da einer singt und zehn Schüler sollen eine Mathearbeit schreiben. Wir haben gesagt, dass Johannes aus der Klasse rausgeschmissen werden soll. Der Mathelehrer hat dann gesagt, dass er ihn das nächste Mal rausschmeißt. Das Teilen mit den zweistelligen Zahlen wie 23 fällt mir schwer. Zusammenzählen geht.

Musik macht mir auch Spaß, weil wir da mit Trommeln und Gitarren spielen. Das sind auch meine Lieblingsinstrumente. In Stenum gibt es keinen Gitarrenunterricht. Gitarrespielen würde ich schon gern lernen. Für Weihnachten schreiben wir immer auf, was wir uns gerne wünschen. Dann suchen die Eltern sich was daraus aus. Diesesmal wünsch ich mir ein neues Trikot von Werder oder das Torwarttrikot. Oder ein neues Fahrrad. Oder eine Freikarte fürs Werderspiel.

Meine leiblichen Eltern besuchen uns jeden Monat. Manchmal ist das gut und manchmal ist das auch doof. Gut ist, wenn wir zusammen wegfahren und sie mir mal eine „Bravo Sport" ausgibt. Es kommt nur meine Mutter. Wir gehen zusammen spazieren. Immer wenn ich mit ihr wegen der Badewanne rede, dann weint die. Bis jetzt hat sie einmal geweint, als ich anfing, darüber mit ihr zu sprechen. Jetzt will ich nicht mehr mit ihr darüber sprechen.

Wenn sie an der Tür ist, hab ich kein besonderes Gefühl. Manchmal fände ich es auch gut, wenn sie ein bisschen länger bleiben dürfte. Ich bin nicht so wütend auf sie. Eigentlich möchte ich meinen Vater auch mal sehen. Er wollte mal für mich und meine Schwester Geld mitgeben und da hat meine Mutter gesagt, dass er das mal lieber lassen sollte. Du willst eh nicht mit zu den Kindern fahren, dann brauchst du ihnen auch kein Geld geben. Sie kommt um drei und bleibt bis fünf oder halb sechs. Sie darf nur zwei Stunden bleiben. Manchmal bin ich auch traurig, wenn sie geht.

Mein größter Wunsch wäre, dass meine Eltern mir glauben, dass ich meine Jacke nicht verbummelt habe. Heute hätte ich eigentlich Taschengeld gekriegt. Das krieg ich jetzt nicht, weil sie glauben, dass ich die Jacke verbummelt hab. Die Jacke muss irgendwo im Haus sein. Jetzt krieg ich erst wieder Taschengeld, wenn ich sie wiederfinde. Wenn ich mal Geld geschenkt kriege, denken sie, ich hab das geklaut. Das stimmt aber nicht. Ich hab in der Schule mal ein Poster verkauft und dann fragten mich meine Eltern, woher ich das Geld habe. Ich habe ihnen das so gesagt, wie es war. Dann haben sie den Freund angerufen, ob das denn stimmt. Es stimmte wirklich und dann war alles wieder gut. Sie sollen mir einfach glauben, was ich sage.

Ich bin eher ein glücklicher Mensch, weil ich zufrieden bin. Ich bin froh, dass es Weiden gibt, wo man spielen kann. Und auch, dass es Freunde gibt. Wenn ich nicht zu Freunden gehe, gucke ich Fernsehen oder spiele mit Dennis. Am liebsten gucke ich Fußballspiele. Kinderfilme gucke ich auch gerne. Pippi Langstrumpf find ich auch gut, weil sie so stark ist. Und weil sie ihren Vater aus dem Gefängnis befreit hat. Wenn ich so stark wie Pippi wäre, würde ich die verprügeln, die mich verprügeln wollen.

Ich bin schon einmal von drei Jungs zusammengeschlagen worden. Ich bin ja Werder-Fan und sie sind Bayern- oder Dortmund-Fans. Dann haben sie Scheiß Werder gesagt und ich hab es dann zu ihren Lieblingsmannschaften gesagt. Deshalb haben sie mich dann verprügelt.

Ich möchte einmal Tischler werden. Einmal hab ich mir eine Tischlerei ange-guckt. Mir gefällt es, mit dem Werkzeug zu arbeiten und für andere Leute Tische zu bauen. Noch drei Jahre muss ich zur Schule. In der Schule gibt es so Schlägertypen, vor denen man immer Angst haben muss. Einmal haben sie einen Jungen so doll geschlagen, dass der mit einem Beinbruch nach Hause gehen musste. Es gibt auch welche bei uns, die in der Klasse mit Stühlen auf Leute werfen. Der Lehrer hält dann denjenigen fest, der mit den Stühlen wirft. Einmal hat der Lehrer dann bei ihm zu Hause angerufen und ihn von den Eltern abholen lassen. Ich gehe deshalb nicht gerne zur Schule. In meinem Zeugnis gab es nur Vieren und Dreien und eine Zwei. Im Sprachgebrauch hab ich eine Zwei gehabt.

Manchmal hab ich noch Schmerzen im Fuß. Wenn ich laufe, tut es ein bisschen weh. Den Schmerz fühl ich unter der Haut. Und dann hab ich noch die Scheuermannsche Krankheit. Die Wirbelsäule tut weh, wenn ich mich ganz krumm hinsetze. Beim Fußballspielen merke ich das nur, wenn mir jemand ganz doll gegen den Rücken schießt. Dann kriege ich manchmal keine Luft. Dann muss ich etwas liegen, bis ich wieder Luft kriege. Nach einer Zeit ist es wieder weg. Ich geh deshalb zur Krankengymnastik. Dorthin gehe ich jede Woche. Da bin ich nur 20 Minuten. Wenn es mir ganz doll Spaß macht, find ich es blöd, dass ich nach 20 Minuten schon aufhören muss. Der Scheuermann geht irgendwann wieder weg.

Ich denk schon öfter, dass die Narben an meinen Füßen weg sein sollen und ich dann auch besser laufen könnte. Und dass sie mich nicht immer so benennen. Mit dem blöden Namen. Einmal hab ich was ganz Schönes geträumt. Dass ich bei diesen Eltern geboren wäre und dass die ganzen Narben dann weg wären. Ich bin bei dem Traum aufgewacht. Die Haut wächst immer weiter zu. Ein paar Narben werden wohl noch dableiben, aber so viele nicht mehr. Ich gucke meine Füße an und bin froh, wenn ein paar Narben verschwunden sind.

Jessica, 15 Jahre

Zu meiner leiblichen Mutter sage ich „Frau Lehmann"

Meine Lieblingsserie ist Raumschiff Enterprise. Mir gefällt dabei, wie sie das Weltall erforschen. Ein Mädchen, das in den neueren Sendungen mitspielt, gefällt mir besonders. Sie sitzt oft neben dem Chef. Sie forscht mit. Ich finde auch spannend, dass die Forscher nach Planeten suchen. Ansonsten mag ich so Zukunftsfilme nicht.

Meine Lieblingsgruppe ist Dune. Danach kommen Backstreet Boys und Caught in the Act. Kelly Family mag ich nicht, weil ich sie hässlich finde. Ich mag nicht, dass sie alle so lange Haare haben. Höchstens Paddy und Angelo find ich noch ganz gut. Ich war noch nie bei einem Konzert. Bisher hat es mich noch nicht so gereizt. Da kreischen die alle wie verrückt. Ich hör die mir nur gern auf Kassetten an. Manchmal auch mit meiner Freundin. Sie ist so ähnlich wie ich. Wenn sie zu Konzerten ginge, dann zu allen, die mir auch gefielen, außer zu Janet Jackson. Die findet sie blöd. Erst einmal will ich meine Schule schaffen. Später, wenn ich ausgezogen bin, würde ich schon gern mal Musikgruppen anhören gehen.

Ich bin in der achten Klasse. Wir sind grade für ein halbes Jahr zur Probe. Wenn ich die Probe nicht bestehe, kann ich nur noch bis zum neunten Schuljahr zur Schule gehen. Ansonsten kann ich bis zur zehnten Klasse zur Schule gehen und den Hauptschulabschluss machen.

Ich weiß nicht, ob ich die Probe schaffe. In der letzten Woche hatte ich große Probleme. Einer aus meiner Klasse hat mich einfach gegen meinen Willen angefasst. Ich hatte so eine große Angst, dass ich mich nicht wehren konnte. Ich habe ihm aber mehrmals gesagt, dass er mich in Ruhe lassen sollte. Er hat mich aber nicht in Ruhe gelassen. Er wollte eigentlich über ein Mädchen in meiner Klasse mit mir sprechen. Sie hat versucht, mir meinen Freund wegzunehmen. Dann hat er mit mir gesprochen und hat mich einfach in den Arm genommen. Das war mir unangenehm. Ich kann ihm im Moment nicht in die Augen sehen, weil es am Donnerstag schon wieder passiert ist. Er hat zu mir gesagt, dass ich es nicht weiter sagen soll. Heute hab ich es meinem Lehrer gesagt, der dann mit ihm geredet hat. Ich hoffe, dass er mich jetzt in Ruhe lässt.

Er hat mich schon immer gerne an der Seite gekitzelt. Ich mochte ihn von Anfang an nicht. Nun plötzlich hasse ich ihn. Der Lehrer war überrascht. Er versprach mir, wenn er mich nicht in Ruhe lässt, wird er mit seiner Erzieherin sprechen. Er ist im Kinderheim. In meiner Klasse sind viele Kinder, die nicht grade Pflegeeltern haben, aber Stiefeltern. Ich habe ihn später gefragt, warum er das mit mir gemacht hat. Er hat gesagt, dass er es halt mal mit mir ausprobieren wollte. Er wollte auch wissen, wie ich so bin in Sachen Liebe. Jetzt denkt er, dass wir zusammen sind. Er meint, dass er es schafft, mit mir eine Beziehung aufzubauen. Da hat er sich aber getäuscht.

Ich hab ihm erzählt, dass ich einen Freund habe. Er meinte daraufhin, dass ich meinen Freund vergessen solle und ihn als Freund nehmen könnte. Er ist in meinem Alter. In der Schule überschreitet er auch eine Grenze, indem er Lehrer anschreit und überhaupt nicht mitmacht im Unterricht. Er stört auch manchmal im Unterricht. Ich wünschte mir schon, dass ich mich gegen so einen Jungen körperlich wehren könnte. Bei mir ist es so, wenn ich große Angst habe, kann ich mich nicht wehren. Ich kann dann nicht schreien. Ich kann dann nicht treten. Ich hoffe, dass es gleich vorbei ist. Ich kann mir auch nicht vorstellen, mich gegen unangenehme Jungs zu wehren. Vor ein paar Monaten haben wir eine Einladungskarte gekriegt für einen Kurs, wo sich Mädchen wehren lernen. Das hat 90 DM für drei Tage gekostet und deshalb bin ich dort nicht hingegangen.

Ich geh nicht zu Selbstverteidigungskursen für Mädchen, weil ich es irgendwie kriminell finde. Also ich prügel mich nicht gerne. Nur wenn es mal sein muss, trete ich zu. Wenn Jungs zu mir sagen, dass ich blöd sei, dann kann ich sofort zutreten. Nur bei der Sache, die ich vorhin erzählt hab, kann ich mich nicht wehren. Bei dem Jungen hatte ich auch keine Gelegenheit, mich zu wehren. Er zog mich zu sich, weil er die Handgelenke fest gehalten hat.

In der letzten Woche haben wir drei Arbeiten in Englisch, Mathe und Biologie geschrieben. Wegen dieser Sache hab ich durchweg ein bis zwei Noten schlechter als sonst geschrieben. Ich will aber den Hauptschulabschluss schaffen, weil ich nach der Schule noch ein Jahr zur Hauswirtschaftsschule gehen will. Mein Berufswunsch ist Konditorin.

Ich mache mit einer Freundin und zwei Jungs aus der Klasse schon Pläne, dass wir nach der Schule zusammen ziehen wollen. Die Jungs meinten, dass wir nach der Schule 18 sind und dass wir das dann sofort machen sollten. Wir wissen noch nicht, wohin wir ziehen wollen, aber ein bisschen weiter weg von hier. Wir haben vor kurzem einen Aufsatz geschrieben. Das Thema war, wie ich mir mein Leben nach der Schule vorstelle. Ich habe eine Eins geschrieben. Wenn wir zusammen ziehen, dann wollen wir für jeden ein Schlafzimmer haben. Die Küche und das Badezimmer wollen wir gemeinsam benutzen. Wenn wir bis dahin mit den beiden Jungs wieder zusammen sind, wollten wir nur zwei Schlafzimmer und zwei Wohnzimmer haben. Ich habe schon zu meiner Freundin gesagt, wenn wir fest daran glauben, dann schaffen wir das auch.

Augenblicklich sind drei Jungs in mich verliebt, die alle mit mir zusammen ziehen wollen. Eine Freundin aus Schierbrock will auch mit mir zusammen ziehen. Wenn die oben im Haus wegziehen, kann ich mir bis dahin oben ein Zimmer für mich einrichten. Das wär schon die erste Vorbereitung, um bald alleine wohnen zu können. Ich will auf jeden Fall mit allen aus meiner Klasse in Kontakt bleiben, weil ich mich mit allen gut verstehe. Das finde ich schön. Ich bin eher in einer Sonderschule. Aber wie gesagt, wenn ich die Probe bestehe, bekomme ich den Hauptschulabschluss. Ich möchte mal Torten für Hochzeiten backen. Meine Eltern meinen, dass ich in der Schule im Fach Hauswirtschaft erst mal lernen soll, wie man kocht und backt.

Mein Pflegevater schlug mir vor, wenn es mit dem Hauptschulabschluss klappen sollte, dass sie mich noch für ein Jahr in die Hauswirtschaftsschule schicken möchten. Sie wollen, dass ich lerne, mich um den Haushalt zu kümmern, weil ich zu Hause kaum etwas tue. Ich hab hier keine große Lust dazu, weil ich lieber den ganzen Tag unterwegs sein will. Meine kleinen Geschwister nerven mich. Auch wenn ich die Hausaufgaben mache, platzen sie einfach in mein Zimmer rein. Oder mein kleiner Bruder weckt mich am Sonntag, so dass ich gar nicht ausschlafen kann. Am nächsten Wochenende schlafe ich wieder bei meiner Freundin.

Meine leibliche Mutter hat uns grade wieder besucht. Ich hab mit ihr über das Problem gesprochen, was ich mit dem Jungen in der Schule hatte. Sie meinte, dass ich erst einmal gucken soll, wie es mit dem Jungen läuft, mit dem ich in letzter Zeit fast Schluss gemacht habe. Er spricht schon seit dreizehn Tagen nicht mehr mit mir. Wenn ich ihn frage, ob er sauer ist, meint er, dass er nicht sauer wäre. Doch er hat nur ein paar Worte mit mir geredet, weil ich ihn angesprochen hab. Ich glaube, dass er auf den Jungen sauer ist, der mich angefasst hat. Ich habe ihm das erzählt und er wollte mir auch helfen. Er hilft mir aber nicht. Er gab mir aber den Rat, dem Lehrer das zu sagen. Den Rat hab ich dann aber auch von ihm angenommen. Wir waren zwei Jahre zusammen. Er wollte schon zweimal, dass ich zu ihm nach Ganderkesee komme. Aber ich hab augenblicklich keine Lust.

Vor kurzem war ich in meinem Zimmer und habe darüber nachgedacht. Ich war traurig und mir kamen dann einfach die Tränen. Ich hab gedacht: So ein Mist. Jetzt werde ich immer noch trauriger, weil er kaum mit mir spricht. Zwei aus meiner Klasse wollen mit ihm gehen, aber er will nicht. Ich weiß nicht, was er will.

Meine leibliche Mutter kommt einmal im Monat für zwei Stunden. Meistens gehen wir spazieren. Im letzten Jahr waren wir auch zusammen auf dem Kramermarkt in Delmenhorst. Oder wir waren auch schon mal für zwei Stunden im Schwimmbad. Wir reden über alle Dinge, wie das hier so läuft. Wenn ich ehrlich sein soll, finde ich es nicht mehr so gut, dass sie kommt. Ich hab es ja miterlebt, wie mein Bruder verbrannt worden ist. Auf dem Jugendamt hat sie gesagt, dass ich Daniel ins heiße Wasser gesetzt hätte. Ich war da grade zwei und da soll ich ihn in die Badewanne gesetzt haben. Am liebsten möchte ich bei meinen Pflegeeltern sein.

Meine richtige Mutter und mein leiblicher Vater haben sich geschieden, als wir von ihnen weggegangen sind. Am liebsten möchte ich meinen leiblichen Vater wiedersehen, weil ich ihn schon so lange nicht mehr gesehen habe. Ich kann mich auch nicht mehr an ihn erinnern. Ich habe nur früher erlebt, wie sich meine Eltern gestritten haben. Ich konnte damals schon aus meinem Zimmer krabbeln. Und Daniel hab ich im Zimmer gelassen. Als ich vor dem Schlafzimmer war, hab ich gesehen, wie mein richtiger Vater hinter meiner leiblichen Mutter hergerannt ist. Ich weiß, dass er immer seine Hand hochgehoben hat, aber ich kann mich nicht mehr so richtig erinnern. Ich kann mich im Grunde auch nur an die Szene erinnern, als mein Vater hinter meiner Mutter her war. Sie hat gerufen, dass er sie in Ruhe lassen soll, weil sie ihm doch nichts getan hat.

Ich wollte meine leibliche Mutter auch schon mal fragen, warum mein leiblicher Vater nicht mal kommt. Unseren richtigen Vater hat sie auch schon mal in der Stadt gesehen und er wollte ihr Geld für uns mitgeben. Sie hat das aber abgelehnt und hat gesagt, weil er sich früher nicht um uns gekümmert hat, braucht er uns jetzt auch kein Geld schenken. Da war ich aber stinksauer auf sie, weil sie das gemacht hat. Ich verstehe das gar nicht. Daniel und ich wollen unseren richtigen Vater sehen. Ich habe auch meinen Pflegeeltern erzählt, dass ich ihn sehen will. Meine leibliche Mutter weiß, dass er mitkommen könnte. Sie hat aber zu uns gesagt, dass sie sich alleine um uns kümmern möchte. Ich kann mir aber doch vorstellen, dass er sich früher ein bisschen um uns gekümmert hat. Ich hab ja gesehen, wie die sich früher gestritten haben. Sie will ihn nicht sehen und ich will ihn sehen. Ich hab Angst, dass wir dann auch noch auseinander gehen und nichts mehr voneinander wissen wollen. Und dass ich dann ganz alleine bin. Ohne Vater und ohne Mutter.

Darüber, dass meine leibliche Mutter meinen Bruder in eine mit kochend heißem Wasser gefüllte Badewanne gesetzt hat, kann ich mit ihr nicht reden. Daniel redet manchmal mit ihr darüber und dann heult sie. Sie hat darunter gelitten, dass wir ohne Grund von ihr weggenommen worden sind. Sie hatte gesagt, dass wir bei ihr bleiben sollen. Ich war noch für zwei Wochen bei einer anderen Familie. Daran kann ich mich nicht mehr erinnern. Als Daniel aus dem Krankenhaus zu unseren Pflegeeltern kam, hat meine Pflegemutter gesagt, dass er nur nach mir geschrien hat. Und nicht nach Mama und Papa. Er hängt immer noch an mir. Wenn ich nachmittags wegfahre, möchte er immer mit. Wenn ich eine Woche auf Klassenfahrt bin, dann isst er zu Hause meistens nichts. Da hat er Angst, dass mir etwas passieren könnte und dass er keine Schwester mehr hätte.

Manchmal schreib ich meiner leiblichen Mutter auch Briefe. Sie macht sich Sorgen, weil meine Pflegeeltern wissen wollen, was ich ihr schreibe. Sie hat gesagt, dass sie uns jetzt richtig ihre Gefühle mitteilen will. Sie möchte aber, dass das unter uns bleibt. Ich schreib ihr manchmal auch über meine Sachen. Wenn ich mich mit meiner Pflegemutter streite, dann möchte ich am liebsten wieder zu ihr. Manchmal kann ich das hier nicht aushalten. Das ist auch ein

Grund, dass ich mit 18 ausziehen will. Einmal möchte ich, dass meine leibliche Mutter kommt. Und ein anderes Mal möchte ich das nicht. Andererseits weiß ich, wenn ich mit meiner Pflegemutter streite, dass es auch schwierig ist, weil man in meinem Alter immer Recht haben will. Doch ich möchte sagen, dass auch ich manchmal Recht hab.

Meine leibliche Mutter fragt mich, wie es mir geht. Sie freut sich auch, dass wir sie später besuchen können. Sie wartet darauf, dass ich 18 bin und dann zu ihr kommen kann. Sie wartet darauf, dass wir zu ihr zurückkommen. Sie hat mir auch schon vorgeschlagen, dass ich wieder zu ihr ziehen könnte. Doch ich möchte sie lieber nur besuchen, weil sie einen Freund hat, der zu viel trinkt. Wir waren einmal an ihrem Geburtstag bei ihr und ihr Freund lag während dem Feiern im Bett, weil er betrunken war. Wenn ihr Freund am Telefon ist, hört sich das immer an, als hätte er Alkohol getrunken. Ich weiß nicht, ob meine leibliche Mutter auch zu viel trinkt. Meine Pflegeeltern meinen aber, dass sie zu viel Alkohol zu sich nimmt.

Mir ist schon aufgefallen, wenn ich ihr etwas erzähle, dass sie mir gar nicht zuhört. Es verletzt mich etwas. Nachdem es mit dem Jungen in der Schule passiert ist, brauch ich im Moment jemanden, mit dem ich über diese Dinge reden kann. Ich hab versucht, mit mehreren darüber zu reden. Ich bin mit dem Problem ganz allein. Ich trau mich auch nicht, meiner leiblichen Mutter zu sagen, dass sie mir endlich zuhören soll. Am liebsten möchte ich immer alles für mich alleine behalten. Aber das kann man nicht. Wenn das so schwierig ist und man das nicht los wird, wird es später viel schwieriger. Wenn sie nicht mit uns redet, denk ich manchmal auch, dass sie gar nichts mehr von uns wissen will. Bei uns gibts eben zwei Familien und alles ist durcheinander. Wir sind schon seit elf Jahren nicht mehr bei ihr und jetzt möchte sie, dass wir ein neues Leben zusammen anfangen.

Wenn es den Freund von meiner leiblichen Mutter nicht gäbe, könnte ich mir wieder vorstellen, bei ihr zu leben. Sie ist meine richtige Mutter. Wie soll ich das sagen? Ich möchte mal den ganzen Tag mit ihr zusammen sein. Dass wir uns gegenseitig aussprechen können und uns gegenseitig helfen können. Ich glaub, dass ich eher dort hin will, weil sie meine leibliche Mutter ist. Sie hat ja auch schon viel mit uns erlebt. Und hat auch schon zweimal geheiratet. Sie hat immer Probleme mit Männern gehabt.

Ich interessiere mich nicht für ihre Privatsachen. Das ist deren Leben. Und ich lebe mein Leben. Gut, manchmal möchte ich schon bei ihr vorbeigehen und gucken, ob ihr Freund sie verprügelt. Davor hab ich auch Angst, dass ihr Freund sich nicht an unserer leiblichen Mutter vergreift, sondern an uns Kindern, wenn wir wieder bei ihr wären.

Ich hab meine leibliche Mutter auch schon gefragt, ob wir noch Verwandte haben. Also ich bin langsam dabei mehr herauszukriegen. Von meinen Pflegeeltern weiß ich ja nur, dass wir sechs Tanten und fünf Onkel haben. Ich möchte gerne alle meine Verwandten sehen, so dass ich ganz genau weiß, dass ich ihr Kind bin. Manchmal denke ich, dass ich gar nicht ihr Kind bin, weil ich die ganze Zeit hier bin. Mein Wunsch wäre, dass ich bei meinen leiblichen Eltern leben könnte. Entscheidend ist auch, dass meine richtige Mutter mich zur Welt gebracht hat.

Meine Pflegemutter hat gestern einen Vorschlag gemacht. Dass wir mal das Jugendamt fragen könnten, ob wir nicht mal für eine Nacht bei ihr schlafen könnten. Unsere Pflegeeltern würden uns dort hinbringen und würden uns dort auch wieder abholen. Und wenn wir fröhlich darüber sind, würde unsere Pflegemutter das zulassen, dass wir in den Ferien mal für eine Woche dort verbringen. Das macht mir auch ein bisschen Angst. Einen Tag kann ich mir schon vorstellen, bei ihr zu sein, aber nicht eine Woche lang. Ich hab auch Angst, dass sie gar nicht so nett ist, wie ich sie mir wünsche. Ein Grund, dass ich nicht bei ihr bin, ist aber auch, dass ich nicht meine ganzen Freunde verlieren will. Das Wichtigste sind eigentlich meine Freunde. Mein Traum wäre, wenn ich bei meinen leiblichen Eltern leben könnte und alle meine Freunde bei mir bleiben. Das ist mein Traum. Wenn sich das erfüllen würde, wäre ich überglücklich.

Ich möchte eigentlich in diesem Ort und in dieser Schule bleiben, weil ich hier jeden Tag meine Freunde sehen kann. Mit denen ich jeden Tag über alles reden kann, wenn ich den Mut dazu hätte.

Ich hab mich in den Jungen, mit dem ich seit zwei Jahren zusammen bin, mit dem ersten Blick verliebt. Dem bin ich meistens hinterhergerannt und wollte wissen, ob er was von mir möchte. Aber das wollte ich und das andere wollte ich nicht. Als ich mit dem Jungen zusammen war, hab ich das meiner Pflegemutter verheimlicht, weil sie gesagt hat, dass Stefan gar nichts von mir wissen will. Es tut mir auch weh, dass sie immer denkt, dass nur ich etwas von den Jungs will.

Ich bin auch froh, dass ich bei meinen Pflegeeltern bin. Sie kümmern sich gut um uns. Ich verstehe sie auch, dass, wenn sie sauer sind, sie uns trotzdem mögen. Ich hab immer das Gefühl, wenn sie sich mit uns streiten, mögen sie uns nicht mehr. Dieses Gefühl hatte ich immer. Und es hat sich in den elf Jahren überhaupt nicht verändert.

Wenn ich mich mit meiner Pflegemutter streite, rede ich manchmal drei Tage nicht mit ihr. Dann sperre ich mich in mein Zimmer ein. Wenn sie zu mir reinkommen will, sag ich zu ihr: Lass mich bloß in Ruhe, ich will überhaupt nichts von dir wissen. Dann sitze ich in meinem Zimmer und denke nach. Wenn ich sauer bin, möchte ich niemanden sehen. Ich gehe nur zum Essen, ohne mit irgendjemand zu reden. Ich schreibe meine Sorgen in meine Tagebücher.

Wenn ich Probleme habe, kann ich mit meiner Pflegemutter nicht reden. Ich kann zu Hause mit niemanden über Konflikte reden. Über meine Probleme rede ich mit meiner allerbesten Freundin, die ich schon seit neun Jahren kenne. Wir haben keine Geheimnisse voreinander. Wir erzählen uns alles.

Mit meinem Pflegevater rede ich darüber nicht. Mit einem Vater würde ich darüber nicht reden, weil die ja männlich sind. Die haben nicht so viel Probleme wie wir. Wenn wir Mädchen Probleme haben, verstehen die Jungs uns manchmal nicht. So denke ich auch über meinen Pflegevater. Wenn ich ihm etwas von meinen Problemen erzählen würde, könnte er mich nicht verstehen.

Wenn ich meiner leiblichen Mutter einen Brief schreibe, beginne ich den neuerdings mit „Hallo Mutter". Wenn meine leibliche Mutter uns besucht, nenne ich sie „Frau Lehmann". Ich kann zu ihr einfach nicht Mutter sagen. Ich kann sie auch nicht mit ihrem Vornamen Rosa ansprechen. Ich kann sie immer nur mit Frau Lehmann ansprechen. Das geht vom Gefühl nicht anders. Wahrscheinlich ist sie traurig, weil wir zu ihr nicht Mutter sagen. Ich weiß nicht, woher das kommt, dass ich sie so distanziert anspreche. Zu meiner Pflegemutter sage ich immer Mutter. Meine Freundin fragt mich auch, warum ich zu meiner leiblichen Mutter nicht Mutter sage. Doch darauf kann ich keine Antwort geben.

Wenn ich meine leibliche Mutter neuerdings mit „Hallo Mutter" anschreibe, mache ich das heimlich, damit es meine Pflegeeltern nicht sehen. Ich mache es heimlich, weil sie schlecht über meine leibliche Mutter reden. Wenn wir jetzt mit unseren Pflegeeltern darüber reden würden, mögen unsere Pflegeeltern uns vielleicht gar nicht mehr. Und wollen uns vielleicht nicht mehr haben. Weil sie vielleicht denken, dass wir lieber die leibliche Mutter haben wollen als diese Pflegeeltern. Ab und zu fühle ich mich hin- und hergerissen. Einmal reden sie schlecht über meine leibliche Mutter und dann ist sie wieder irgendwann ok. Ich kann das gar nicht verstehen. Wenn wir mit unserer leiblichen Mutter sprechen, ist sie ganz in Ordnung.

Ich würde mir schon wünschen, mit meinen Pflegeeltern und meiner richtigen Mutter ganz offen über alles sprechen zu können. Daran muss ich aber auch noch arbeiten. Ich habe auch Angst, von meinen Freunden und Freundinnen abgelehnt zu werden. Ich habe auch immer Angst, dass ich auf dem Nachhauseweg von einem Jungen verfolgt werde. Manchmal hab ich das Gefühl, dass ich diese Angst gar nicht mehr überwinden kann. Dass sie mein ganzes Leben bleibt. Ich glaube, das liegt daran, dass ich weggegeben worden bin.

Ich weiß nicht, was in den ersten vier Jahren mit mir passiert ist. Das meiste weiß ich nur von meinen Pflegeeltern. Wir sind oft in unserem Zimmer eingesperrt worden. Die Türen wurden abgeschlossen und wir waren die ganze Zeit im Bett. Wenn wir die Hosen voll hatten, wurden die Windeln nicht gewechselt. Ich weiß nicht, woher meine Angst kommt. Angst ist mein Thema. Mir macht auch Angst, dass ich meine Geschichte offen erzähle. Als ich heute meinem Lehrer die Geschichte mit dem Jungen erzählt habe, hatte ich auch Angst, dass dieser Junge auf mich zukommt und mich schlägt. Das liegt daran, weil er mich bat, dass ich das wirklich niemandem sage. Ich hab immer Angst, geschlagen zu werden. Mein Bruder redet oft von unseren leiblichen Eltern und dadurch reden wir alle zusammen öfter darüber. Doch ich kann mich an nichts erinnern, weil es weg ist.

Im Moment bin ich aber ganz zufrieden. Das Wichtigste für mich sind meine Freunde und Freundinnen. Und gute Eltern zu haben. Ich bin manchmal schon froh, dass ich hier bin.
Ich lese gerne Liebesgeschichten. Dort steht es, wenn man Freunde hat, hat man jemanden, mit dem man über alles reden kann. Und ich lese gern die „Bravo".

Da ich aber keine „Bravo" lesen darf, lese ich sie bei meiner Freundin. Ich darf die „Bravo" wegen ihren Aufklärungsgeschichten nicht lesen. In der „Bravo" jedenfalls las ich eine schöne Geschichte. In dieser Geschichte waren zwei Verliebte in einer schönen Stadt. Venedig. Mein Traum wäre, einmal mit einem Jungen, in den ich verliebt bin, in Venedig Urlaub zu machen.

Marie, 18 Jahre

Meine richtigen Eltern sind die Eltern, bei denen ich aufgewachsen bin

Seit meiner Geburt bin ich bei meinen Eltern. Ein Jahr vor meiner Geburt stellten meine Eltern einen Adoptionsantrag beim Jugendamt. Kurz danach hörten sie von Bekannten, dass ein junges Mädchen schwanger sei und sie das Baby zur Adoption freigeben wollte. Dieses Baby war ich! Eine gute Freundin von mir ist einen Monat später geboren als ich. Es hätte auch sein können, dass meine Eltern ihre Eltern wären und ihre Eltern meine. Dabei hab ich Glück gehabt, weil ich das bessere Los gezogen hab.

Das sind meine richtigen Eltern. Ich habe ein relativ gutes Verhältnis zu ihnen. Es gibt auch Streit, doch wir können über fast alles zusammen reden. Doch auch im Streit habe ich nie gesagt, dass sie mir doch nichts sagen könnten, weil sie nicht meine richtigen Eltern wären. Vom Gefühl her waren das immer meine richtigen Eltern. Ich habe einen älteren Bruder, der nicht mein leiblicher Bruder ist, sondern ein leibliches Kind meiner Eltern ist. Mein Verhältnis zu ihm ist - außer den üblichen geschwisterlichen Streitereien - ganz gut. Für ihn war immer selbstverständlich, dass ich genau wie er zur Familie gehöre. Ich hatte den Eindruck, es wurde auch keiner von uns bevorzugt. Lustig fand ich, dass andere Leute zum Beispiel beim Skilaufen erkannt haben, dass wir Geschwister sind. Und das, obwohl wir keine leiblichen Geschwister sind.

Ich weiß nicht genau, seit wann ich weiß, dass ich noch leibliche Eltern habe. Doch ich bin damit aufgewachsen. Vermutlich, als die ersten Fragen von mir gestellt worden sind, woher komme ich - da müssen meine Eltern mir das schon gesagt haben.

In der Grundschule hatte ich schon kleine Probleme damit. Wir hatten in der Klasse drei Adoptivkinder. Meine Lehrerin wusste Bescheid und wollte das der Klasse näher bringen und da habe ich schon gerufen: Ich bin aber adoptiert. Dann sagten einige Mitschüler: Was, das sind nicht deine richtigen Eltern? Das fand ich immer ganz schrecklich. Meine richtigen Eltern sind die Eltern, bei denen ich aufgewachsen bin. Und sie sagten dann auch: Hast du deine richtigen Eltern noch nicht gesehen? Ich glaube, sie haben meine Situation gar nicht verstanden. Ich sag immer so - das klingt vielleicht komisch - meine leibliche Mutter kenne ich ja nicht, sie hat mich nur gemacht und ausgetragen. Und das hab ich selber nicht gemerkt. Deshalb ist sie für mich auch nicht meine richtige Mutter. Ich habe versucht, es ihnen zu erklären. Die meisten haben es halbwegs angenommen, aber nicht richtig. Kennst du denn deine richtige Mutter? Diese Formulierung kommt immer wieder. Bis auf den heutigen Tag. Dann antwortete ich immer: Ich hab nur richtige Eltern, meine leibliche Mutter kenne ich nicht. Das wird jetzt so akzeptiert.

Meine leibliche Mutter kenne ich nicht. Ich weiß nur aus Erzählungen wie sie aussieht, weil meine Tante sie einmal gesehen hat. Sie soll ganz blond und hellhäutig sein. Auf einem Foto würde ich sie schon gerne sehen, aber ich möchte mich nicht mit ihr treffen. Es interessiert mich nicht. Es wäre ein komisches Gefühl zu ihr hinzugehen und ihr gegenüberzusitzen. Ich weiß dann zwar, das ist meine leibliche Mutter, doch ich habe nun wirklich nichts mit ihr gemeinsam. Es ist doch für mich eine fremde Person. Außerdem möchte ich auch nichts bei ihr wachrütteln. Wenn ich in ihrer Situation wäre, würde ich es verdrängen.

Sicherlich kann sie mich rausschmeißen, doch sie wird trotzdem an mich erinnert. Doch ich habe gar nicht das Bedürfnis, sie zu sehen. Ein Grund, warum ich meine leibliche Mutter auch nicht kennen lernen möchte, ist, dass sie krank oder arm ist oder auf der Straße lebt und ich mich dann vielleicht verantwortlich fühlen würde, obwohl sie für mich ein fremder Mensch ist.

Ich weiß nicht viel über sie. Sie war gerade 17 Jahre, als sie mich geboren hat. Sie ging noch zur Schule und hatte wenig Geld. Sie wohnte im Harz. Und es war schon zu spät, als sie bemerkt hatte, dass sie schwanger war, um noch abtreiben zu können. Vielleicht wollte sie das auch nicht. Das ist schon ganz gut so gewesen. Mich würde als Adoptivkind nur interessieren, warum hat sie mich weggegeben? Doch das weiß ich ja nun. Wenn ich 17 Jahre wäre und ein Kind bekäme, würde ich es wahrscheinlich auch weggeben. Auch weil man will, dass es dem Kind gut geht.

Ich bin sehr unsicher. Ich trau mir vieles nicht zu, obwohl mir alle sagen, dass ich das kann. Wenn ich zu einem Menschen Vertrauen gefunden hab, dann sind die Ängste nicht da. Doch wenn ich neue Leute kennen lerne, dann denke ich immer, ach die mögen mich gar nicht. Ich hab auch immer Angst vor der Zukunft und dass ich mal alleine bin. Und dass ich keine Freunde hab. Eigentlich ist das Quatsch, weil ich viele Freunde hab. Ich meine, dass das jedoch nichts mit meiner Adoption zu tun hat!

Über meinen leiblichen Vater gibt es nur Vermutungen. Angeblich soll es ein amerikanischer Soldat sein, der in Deutschland stationiert war. Ich glaube, dass an den Vermutungen etwas dran sein muss, weil es meinen Eltern erzählt worden ist. So etwas denkt sich niemand aus. Auf der Geburtsurkunde steht nur der Name meiner leiblichen Mutter. Man trägt ja noch ein Jahr nach der Adoption den Namen der Mutter oder der Eltern. Bis dahin können die Eltern ihr Kind noch zurückhaben. Nein, ich weiß nicht mehr, wie ich ein Jahr lang hieß. Ich hab es wieder vergessen. Irgendein Vogelname. Jedenfalls bekam ich danach den Namen meiner Eltern.

Es kann sein, dass ich mal ein schwarzes Kind gebären werde. Das kann auch so sein, wenn mein leiblicher Vater kein Schwarzer mehr war, sondern meinetwegen sein Vater oder irgendjemand anderer in seiner Familie schwarz war. Ob dies wirklich stimmt und biologisch überhaupt möglich ist, weiß ich nicht. Jedenfalls haben sie dies meinen Eltern gesagt und meine Eltern haben mir das gesagt. Ich hätte auch schwarz sein können. Die Mutter meiner leiblichen Mutter hat wohl gesagt, hoffentlich wird es kein schwarzes Kind. Meine Eltern mussten mir das auch sagen, damit ich nicht irgendwann einen Schock bekomme. Auf jeden Fall war es ein dunkler Typ, weil ich nicht hellhäutig bin. Aber Angst macht mir diese Möglichkeit nicht. Es spielt keine Rolle. Augenblicklich spielt Kinderkriegen sowieso keine Rolle. Ich finde meine Vergangenheit nicht schlimm. Es ist mir egal und ich stehe dazu. Es gibt auch keinen Grund, irgendetwas daran zu verheimlichen. Ich rede ganz normal mit meinen Eltern darüber. Manchmal mache ich ein paar Jokes darüber. Als die Soldaten von Deutschland abgezogen sind, habe ich gesagt, vielleicht ist es ja der Fahnenführer. Ich hab kein Problem damit.

Jetzt kommen öfter mal Fragen von Freundinnen, dass mein Bruder oder meine Mutter mir nicht ähnlich sähen. Dann erzähle ich es eben so, wie es ist. Solche Fragen nerven mich nicht. Es ist ja auch etwas Interessantes. Auch meine Eltern verletzen solche Fragen und Aussagen nicht. Sie wissen ganz genau, dass ich sie gerne mag und dass sie für mich meine Eltern sind. Sie haben auch nichts dagegen, wenn ich meine leibliche Mutter besuchen würde.

Meinen leiblichen Vater zu sehen, fände ich interessant, weil ich über ihn gar nichts weiß. Das ist allerdings nur möglich, wenn ich mit meiner leiblichen Mutter in Kontakt treten würde. Und selbst dann ist die Chance gering. Nach den Erzählungen von meinen Eltern muss die Beziehung zwischen den beiden sehr kurz gewesen sein. Mich würde einfach interessieren, wie alt er damals war und wie er aussieht. Ich weiß nicht, warum er mich mehr interessiert als meine leibliche Mutter.

Meine Neugierde ist nicht so groß, um nachzuforschen. Ich habe dieses Verlangen nicht. Doch es wird auch nicht so einfach sein, die leiblichen Eltern zu finden, wenn es dieses Bedürfnis gibt. Und ich wüsste auch gar nicht, was ich sie fragen sollte, wenn ich ihnen gegenüber säße.

Kontakt zu den leiblichen Eltern während der Kindheit finde ich gar nicht gut. Wenn so ein Bedürfnis hochkommt, dann kann so ein Kontakt ja hergestellt werden. Ansonsten finde ich, dass Kinder so einen Kontakt auch ausnutzen könnten. Wenn sie Streit mit ihren Eltern haben, können sie einfach sagen, ihr seid sowieso nicht meine richtigen Eltern. Ich will zu meiner richtigen Mutter. Wenn ich später mal ein Kind adoptieren sollte, würde ich das nicht wollen. Wenn mein Kind fragen würde, würde ich alles erzählen, was ich wüsste. Ich würde auch sagen, mit 16 Jahren kannst du sie sehen, wenn du möchtest. Davor finde ich es völligen Quatsch. Andererseits finde ich auch, wenn ich ein Kind weggebe, ist es auch hart, es immer wieder zu sehen. Es ist einfacher, wenn man es einfach vergisst. Und das Kind nur in Erinnerung hat. Ich glaube, durch die ständige Konfrontation ist es viel härter, damit klarzukommen. Mich würde nur interessieren, ob das Kind in eine gute Familie gekommen ist. Das wäre das Einzige, was dann für mich wichtig wäre.

Meine leibliche Mutter kann wissen, wie es mir geht. Es wäre für sie kein Problem, etwas über mich zu erfahren. Sie weiß sowohl meinen Vor- als auch meinen Nachnamen. Ich glaube, sie kann es auch über das Jugendamt erfahren. Allerdings geht es dann nur mit Zustimmung der Eltern. Angst macht es mir nicht, wenn sie mich plötzlich sehen wollte. Wenn sie das Bedürfnis hätte, dann würde ich mich darauf einlassen.

Dass es bei mir so glatt gelaufen ist mit meinen Eltern, hat viel damit zu tun, dass meine Eltern mich wie ein ganz normales Kind behandelt haben. Nie habe ich einen Unterschied zu meinem Bruder gefühlt. Vielleicht ist deshalb meine Geschichte so unkompliziert verlaufen.

Oliver, 17 Jahre

Wäre ich nicht von meiner Pflegemutter abgehauen, hätte ich es nicht geschafft

Ich bin mit vier Jahren zu meiner Pflegemutter gekommen. Den Grund weiß ich nicht genau. Doch weiß ich, dass mein Vater gestorben ist und meine Mutter noch ziemlich jung war. Sie war 20 Jahre alt und war ziemlich fertig, so dass sie mit mir nicht mehr klargekommen ist. Sie hat mich schon mit 16 geboren.

Ich habe meine Mutter jetzt wieder kennen gelernt. Das war komisch, als wir uns vor eineinhalb Jahren zum ersten Mal wieder gesehen haben. Das war komisch, weil wir uns ganz fremd waren. Wir mussten uns wieder ganz neu kennen lernen.

Ich hab in der Schule ganz viel Mist gebaut und deshalb gab es eine Klassenkonferenz. Meine Pflegemutter wollte aus irgendeinem Grunde nicht dorthin kommen. Doch in der Schule brauchten sie irgendeinen Erziehungs- oder Sorgeberechtigten. Deshalb haben sie meine Mutter angerufen. Und die ist dann gekommen. So haben wir uns wieder gesehen.

Wir haben uns zwölf Jahre nicht gesehen und ich wusste nicht, dass sie in der Schule sein wird. Es war eine richtige Überraschung. Als ich sie sah, wusste ich sofort, dass es meine Mutter ist. Ich glaube, dass ich noch ein bisschen Erinnerung hatte, wie sie aussah. Ich habe sie dann gefragt, ob sie es ist.

Ich war total verwundert, dass sie da plötzlich saß. Da konnte ich mich erst einmal mit nichts anderem beschäftigen. Nach der Konferenz musste sie sofort wieder weg. Es war eine dumme Situation, weil ich da grade seit einer Woche von der Pflegemutter abgehauen war. Deshalb musste die Schule gleich die

Polizei verständigen, dass ich wieder nach Hause zur Pflegemutter gebracht werde. Und da sind wir gleich wieder auseinander gerissen worden. Ich hab mich dann wieder verpisst.

Zwei Wochen nach dieser Klassenkonferenz bin ich einfach zu meiner Mutter hingefahren. Ihre Adresse stand im Telefonbuch, so konnte ich sie finden. Wir sind dann zusammen einen Kaffee trinken gegangen und haben geredet. Da war sie auch sehr überrascht, als ich da einfach vor der Tür stand. Damit hatte sie nicht gerechnet. Sie ist aber ganz locker damit umgegangen. Wir haben geredet, was in der Schule war. Und sie hat mich auch gefragt, warum ich von der Pflegemutter abgehauen bin. Ich hatte Vertrauen zu ihr.

Ich war eher glücklich, dass ich sie wiedergesehen hab. Eigentlich hab ich da gar nichts gefühlt, weil es so überraschend war. Ich bin dort hingegangen, weil es mich einfach interessiert hat, wie sie jetzt so ist. Ich wollte auch wissen, wie sie reagiert, wenn ich so plötzlich vor der Tür stehe. Wir sind uns aber einig, dass ich weiterhin nicht bei ihr wohne. Es geht auch nicht. Sie zieht ständig um. Augenblicklich ist sie in der Schweiz. Und wenn ich jetzt hier meine Lehre mache, geht das nicht. Ich weiß jedoch auch nicht, ob das so gut für uns wäre, wenn wir jeden Tag zusammen wären. Ab und zu besuche ich sie und wir telefonieren ganz viel miteinander. Das reicht.

Sie hat mir nur erzählt, dass sie eben sehr jung war, als sie mich gekriegt hat. Und dass sie geschockt war, als mein Vater plötzlich starb. Ich hatte früher immer nur ein Bild von meinem Vater, das ich von meiner Oma gekriegt hab. Sonst hatte ich nichts. Zu meiner Oma, also zur Mutter meines Vaters bin ich öfter hingefahren. Bei der Mutter meiner Mutter war ich auch öfter. Als ich sieben oder acht war, ist sie aber gestorben.

Am Anfang war es ganz gut mit meiner Pflegemutter. Da war ich der liebe Junge und da war alles ganz toll. Sie hatte noch eine Pflegetochter, die ist aber irgendwann ausgezogen. Dann hat sie noch eine richtige Tochter, eine eigene, eine leibliche gekriegt. Ab da war es dann vorbei. Da wurde es immer schlimmer. Wir haben uns nur noch gestritten und nicht mehr miteinander geredet. Und im Urlaub war es auch nicht besser als im Alltag. Es war eher noch schlimmer, weil wir den ganzen Tag zusammen verbringen mussten.

Ich kam eigentlich ganz gut damit klar, dass sie noch ein Kind bekam. Trotzdem haben wir uns immer gestritten. Sie hat sich aber auch nicht mehr um mich gekümmert. Es ist mir schon bewusst, dass man sich um ein kleines Kind mehr kümmern muss als um einen 15-Jährigen. Die Streitereien fingen immer an ganz kleinen Sachen an. Dass ich abwaschen sollte oder was weiß ich. Vielleicht fing es ab zehn an. In den ersten sechs Jahren fühlte ich mich wohl bei ihr.

Erst als sie eine leibliche Tochter gekriegt hat, war bei mir das Gefühl, dass ich kein richtiges Kind von ihr bin. Davor hatte ich nicht das Gefühl. Sie hat immer nur mit ihrer Tochter rumgemacht und ich saß dann da irgendwo.

Ich hab ihr nie vorgeworfen, dass sie keine Zeit für mich hat. Das hätte sie eh immer abgestritten. Weil es immer schlimmer wurde, bin ich immer öfter und länger bei Freunden geblieben. Zum Schluss hatten wir überhaupt nichts mehr miteinander zu tun. Manchmal gab es Streit, weil ich zu spät nach Hause gekommen bin. Dann bin ich eben noch später gekommen.

Einen Vater habe ich nicht vermisst. Jetzt denke ich aber, dass es besser gewesen wäre, wenn einer da gewesen wäre. Dann hätte er vielleicht mal einschreiten können und ich hätte vielleicht mit ihm mal über was reden können. Meine Pflegemutter hatte einen Freund, mit dem ich aber auch nicht so gut klarkam. Der war ein bisschen komisch. Und die haben sich auch ständig gestritten. Es war die ganze Zeit Streit im Haus.

Ich hab in einer Wohngemeinschaft gelebt. Wir haben dort zu sechst gewohnt. Das war auch nicht so toll. Mit ihrer jüngeren Tochter, also meine Schwester sage ich, hab ich mich am besten verstanden. Ich habe jetzt wenig Kontakt zu ihr, weil meine Pflegemutter dazwischen steht. Ich weiß es nicht, aber ich glaub das so. Mit ihrem Freund komm ich jetzt ganz gut klar, was vorher nicht so war. Der besucht mich ab und zu mal und da hat er meine jüngere Schwester auch mal mitgebracht. Er hat mich plötzlich mal in Verden angerufen und mich ins Kino eingeladen. Phasenweise konnten wir uns auch früher verständigen. Doch dann war er plötzlich wieder so komisch. Er war Alkoholiker und vielleicht lag es auch daran. Ich bin dort nicht geschlagen worden. Wenn er besoffen war, war er in seiner eigenen Wohnung. Er hat nicht bei uns gewohnt.

Meine Pflegemutter kommt mich nicht besuchen. Die nicht! Klar bin ich sauer. Doch das beruht auf Gegenseitigkeit. Ganz am Anfang hab ich sie am

Wochenende besucht und dann hat sie wohl mitgekriegt, dass ich wieder Kontakt zu meiner Mutter hatte. Und dann war es auf einmal vorbei. So kam es, dass ich mich nicht mehr bei ihr blicken lassen sollte.

Ich habe sie auch früher immer gefragt, wo meine Mutter ist. Angeblich wusste sie das immer nicht. Angeblich hat sie auch beim Jugendamt nachgefragt. Hinterher hab ich rausgekriegt, dass sie das die ganze Zeit schon wusste. Sie hatte wohl die ganze Zeit etwas gegen meine Mutter. Ich krieg das jetzt mit der Zeit so langsam alles mit.

Meine Pflegemutter hat zu meiner Mutter gesagt, dass es besser für mich wäre, wenn sie keinen Kontakt zu mir hätte, weil es nicht so gut wäre mit zwei Müttern. Und dass ich mich einleben müsste. Und so blieb es dann auch.

Ich habe meiner Pflegemutter geglaubt, dass sie nicht weiß, wo meine Mutter ist. Wie sollte ich denn wissen, dass das nicht stimmt.

Ich habe keine Lust mehr, mit meiner Pflegemutter zu reden. Es ist richtig vorbei. Vergessen. Weg. Ich muss das nicht haben. Und sie will ja auch keinen Kontakt mehr. Es kann sein, dass ich später noch mal frage, was da los war. Doch im Moment nicht.

Meine Mutter ist nicht sauer auf meine Pflegemutter. Sie sagt nur, dass sie auch nicht versteht, dass sie so abweisend auf sie reagiert. Sie meint, dass meine Pflegemutter etwas gegen ihre Lebensart hat, weil sie dauernd durch die Gegend zieht, und das Zusammenleben mit ihrem Sohn nicht will.

Ich kann nicht sagen, was ich bei meiner Pflegemutter gut fand. Irgendwann hab ich nur noch Mist gebaut. Irgendwie in der Hoffnung, dass etwas passiert. Das hat ja dann auch geklappt. Ich bin durch die Gegend gezogen und hab mir die falschen Freunde gesucht. Und hab ziemlich viel geklaut und all so was. Es war sicher nicht der richtige Weg, um irgendwas zu erreichen. Ich hab das nicht so bewusst gemacht, aber unbewusst war das wahrscheinlich so. Ich bin öfter mal dabei erwischt worden. Ich war dann Stammkunde bei der Polizei. Irgendwann hat meine Pflegemutter beim Jugendamt angerufen, um zu sagen, dass es nicht mehr mit mir weitergeht. Dann musste ich zum Jugendamt, um unsere Situation zu klären. Das Jugendamt hat mir dann einige Vorschläge gemacht. Ich bin dann öfter irgendwo hingefahren und hab mir was angeguckt. Dann hab ich mich für die Jugendwohngemeinschaft in Verden entschieden. Hier gehts mir gut.

Das Jugendamt ist bei uns nie vorbeigekommen. Ich habe nie etwas von ihnen gehört. Zum ersten Mal hab ich Kontakt mit dem Jugendamt bekommen, als ich von meiner Pflegemutter weg wollte. Vermisst hab ich das Amt trotzdem nicht. Das Jugendamt kann ich nicht ab. Bei Ämtern hab ich das Gefühl, dass die sich sowieso nicht kümmern.

Ich komme mit Frauen ganz gut klar. Wahrscheinlich hab ich auch keine Probleme damit, weil ich in der Zeit, wo es besonders schlimm mit meiner Pflegemutter war, eine Freundin hatte. Mit ihr konnte ich über alles reden. Ich glaube, sonst hätte ich das gar nicht alles gepackt. Sie und andere haben mir auch gesagt, dass ich von meiner Pflegemutter weggehen soll.

Ich versteh das einfach nicht, dass meine Pflegemutter keinen Kontakt mehr zu mir haben will. Am Anfang war das ja noch, dass ich da ab und zu hingefahren bin. Ich verstehe einfach nicht, was sie gegen meine Mutter hat. Das würde ich doch mal gern wissen. Ich hab nie viel mit ihr geredet. Nie konnte ich zu ihr hingehen und ihr sagen, welche Probleme ich habe. Das konnte ich einfach bei ihr nicht. Meine Mutter hat mir gefehlt. Hätte meine Pflegemutter akzeptiert, dass ich auch zu ihr Kontakt hätte haben können, wäre wahrscheinlich alles anders gelaufen. Ich habe meine Pflegemutter nie so als Mutter gesehen. Deshalb fehlte dann auch was. Einmal hab ich meine Pflegemutter Mama genannt. Ich wollte es mal ausprobieren. Das gefiel mir nicht. Sie hat nur gelacht, als ich es gesagt hab. Sie saß mit ein paar Leuten und ich kam mit Mama an. Dann haben sie alle gelacht. Ich denk schon, dass mich das irgendwo verletzt hat.

Im ersten halben Jahr bei meiner Pflegemutter haben wir meine Mutter mal besucht. Dann waren wir bei irgendeinem komischen Therapeuten. Ich weiß auch nicht mehr warum. Jedenfalls war ich dort. Der kam auf die Idee und hat mir erzählt, dass ich jetzt keinen Kontakt mehr zu meiner Mutter haben sollte. Ich weiß auch nicht, woher er das hatte. Ich denk mal, dass meine Pflegemutter ihm das gesagt hat. Dieser Therapeut hatte eine kleine Klatsche. Ich weiß nicht, der war irgendwie so komisch. Ich denk mal, die sind alle so. Ich war da grade fünf und der Therapeut wollte immer alles wissen. Wenn ich dann keine Lust hatte, etwas zu sagen, saß er da und schwieg, bis ich ihm dann doch irgendetwas erzählt habe. Der war total blöde.

Meine Lehrer in der Grundschule waren froh, wenn ich aus der Schule raus war. Ich habe viel Zeit vor der Tür verbracht. Aus der Schule wollten sie mich auch schmeißen. Sie wollten mich auf die Sonderschule bringen, aber dafür war ich zu gut. Ich hab die in der Schule auch so erziehermäßig empfunden. Alles, was damit zu tun hatte, konnte ich überhaupt nicht ab. Lehrer waren für mich Feinde.

Das letzte Jahr war das einzige Jahr, wo ich anders war. Wenn meine alten Lehrer mich hier gesehen hätten, die wären umgekippt vor Schreck. Da war ich so ein richtig braver Schüler. Wenn ich darüber nachdenke, habe ich in den Lehrern immer so was wie meine Pflegemutter gesehen. Nachdem meine Pflegemutter von den Elternabenden zurückkam, hab ich immer einen schönen Anschiss von ihr gekriegt. Mein Lehrer hat auch immer abends regelmäßig angerufen. Die Zeit ist aber jetzt schon weiter weg.

Durch die Jugendwohngemeinschaft hat sich bei mir viel verändert. Ich merke einfach, dass es mir jetzt richtig gut geht. Ich war früher in der Realschule. Dadurch, dass ich immer abgehauen bin, wurde ich auch in der Schule immer schlechter. In den Zeugnissen war alles voller Fünfen. Jetzt habe ich den Hauptschulabschluss gemacht. Am Anfang war es hier in der Schule genauso wie immer. Irgendwann hab ich dann eine Eins geschrieben. Dadurch hab ich gemerkt, dass ich es doch kann. Dann hab ich nur noch Einsen geschrieben. Der Hauptschulabschluss war so gut, dass ich auch weiter den Realschulabschluss hätte machen können. Ich hab mich aber rechtzeitig bei der Bahn beworben als Eisenbahner im Betriebsdienst und hab den Ausbildungsplatz auch bekommen. Wenn ich die Abschlussprüfung bei der Bahn bestehe, habe ich automatisch auch den Realschulabschluss.

Wenn ich nicht von meiner Pflegemutter abgehauen wäre, hätte ich das nicht geschafft. Dann wäre ich irgendwann endgültig von der Schule geflogen und dann wärs vorbei gewesen. Das hätte ich für mich so nicht hingekriegt.

Ich war grade fünf Tage bei meiner Mutter in der Schweiz. Sie ist jetzt so, dass sie dauernd irgendwo anders ist, bei irgendwelchen Bekannten. Was weiß ich. Und im Moment ist sie halt da. Es war gut mit ihr. Es wird auch immer besser, je öfter wir uns sehen. Ich weiß aber nicht, ob alles so gut gewesen wäre, wenn ich bei ihr geblieben wäre. Meine Mutter braucht ihre eigene Freiheit. Sie sagt von sich, dass sie eher ein flippiger Typ ist. Und dass sie nicht so gut klarkäme, wenn sie einen Sohn hätte, der bei ihr leben würde. Ich bin aber deshalb nicht wütend auf sie. Mittlerweile hab ich auch das Gefühl, dass sie mich ganz gut kennt. Ich hab zu ihr aber auch mehr ein freundemäßiges Gefühl. Das ist bei ihr auch so.

Nadja, 15 Jahre

Ich will meine leibliche Mutter einfach nur mal sehen

Ich lebe bei meinen Pflegeeltern seit ich eineinhalb Jahre alt war. Meine richtige Mutter war krank. Sie hatte etwas mit den Nerven. Sie ist ins Krankenhaus Bremen-Ost gekommen. Sie konnte sich nicht mehr erinnern, wer ich bin. Deshalb hat sie mich dann zur Pflege freigegeben.

Ich wusste von Anfang an, dass ich ein Pflegekind bin. Es wurde immer drüber geredet. Es hat mich damals nicht bewegt. Es war ganz normal. In der Grundschule wurde darüber auch nicht geredet. Dass ich zwei Nachnamen hatte, war zu der Zeit nicht interessant.

Ich habe den Namen meiner richtigen Mutter und den Namen meiner Pflegeeltern. Das haben wir von Anfang an so gemacht mit diesem Doppelnamen, damit man Bescheid weiß. Ich bin auch in der Schule mit dem Doppelnamen angemeldet, obwohl ich offiziell nur den Namen meiner leiblichen Mutter habe. Jetzt fragen mich manche schon, ob ich den Namen von meiner Mutter und von meinem Vater habe. So kriegen sie meine Geschichte mit. Sie reagieren meisten mit: Oh, wusste ich gar nicht. Manche tun dann so, als wenn es was ganz Furchtbares wäre. Sie sagen dann auch, dass es ihnen Leid tut für mich. So, als wenn es total schlimm für mich wäre. Meistens reagieren sie erschrocken darauf. Ich lache darüber nur. Ich kenn es doch gar nicht anders. Es ist so, wie für jedes andere Kind auch.

Meine engeren Freundinnen wissen das. Für sich selber können sie sich das nicht vorstellen, von ihren eigenen Eltern wegzugehen. Sie können nicht so richtig verstehen, dass mich das nicht stört. Sie denken, dass es mein Wunsch sein müsste, zu den richtigen Eltern gehen zu wollen. Es ist aber nicht so, dass wir täglich darüber reden würden. Es spielt eigentlich keine Rolle.

Im Verhältnis zu den Eltern gibt es keinen Unterschied zu den anderen Kindern. Doch es interessiert mich, wie es ist, bei seiner richtigen Mutter zu leben. Ich stell mir das vor, dass man sich ähnlich sieht, weiß, dass man zusammengehört, man kommt sozusagen von denen, von seinen Eltern. Und das find ich spannend. Ich möchte schon gern mal wissen, wie das ist.

Im Handeln und Tun hab ich viel von meiner Pflegemutter gelernt. Kinder gucken ja immer von ihren Eltern ab. Manche Bewegungen sind halt gleich. Für mich sind meine Pflegeeltern meine Eltern. Für mich sind es Mama und Papa. Ich benenne sie sowohl mit Vornamen als auch mit Mama und Papa.

Ich weiß nicht, ob ich meine leibliche Mutter richtig kennen lernen will. Nur, dass ich mal gern ein Foto sehen würde, um zu sehen, ob ich ihr ähnlich sehe. Einerseits ist sie ja wirklich meine Mutter und andererseits ist es auch eine wildfremde Frau. Es wäre komisch, mit diesem Gefühl sich so gegenüber zu stehen. Ich denke, für sie war es auch nicht leicht, das einfach so zu machen. Der Grund war, dass sie krank war. Die Begegnung wird sicher nicht ganz einfach sein. Es ist vielleicht nicht so toll, die Wunden für sie wieder aufzureißen. Ich weiß nicht, wie es für mich wäre. Ich hab da bisher nicht groß drüber nachgedacht. Ich wollte sie schon mal kennen lernen. Da meinte meine Mutter, also meine Pflegemutter, dass das jetzt nicht sein muss. Ich sollte mir das noch einmal überlegen. Wenn ich 18 werde, könnte ich das sowieso machen. Das wäre dann gar kein Problem mehr. Ich will gar keine Bindung zu meiner leiblichen Mutter. Eigentlich will ich sie einfach nur mal sehen. Das reicht mir schon.

Ich denke schon mal manchmal darüber nach, wie sie aussieht. Aber ehrlich gesagt, habe ich gar keine Vorstellung. Wenn ich eine Frau sehe, die beispielsweise eine ähnliche Nase hat, denke ich manchmal schon, dass sie vielleicht so aussieht. Doch einen Menschen X kann man sich nicht vorstellen, weil man ihn nicht im Gedächtnis hat. Eigentlich weiß ich ja, dass ich ihr hier kaum begegnen kann. Das ist mehr ein Wunschtraum von mir, sie einfach mal zu sehen. Aber mehr ist das nicht.

Also ich kann es mir erstens nicht so toll vorstellen, dass man sein Kind so ohne weiteres weggibt. Da muss bestimmt etwas Dolleres gewesen sein. Und wenn ich dann ankomme und ein Foto haben will. Das ist bestimmt nicht sehr toll für sie. Ich will aber auch nicht, dass sie gleich wieder einen Nervenzusammenbruch kriegt. Ich weiß ja wirklich nicht, was sie hatte. Das Jugendamt meint jedoch, dass sie wieder gesund ist.

Besuchskontakt gibt es bei uns nicht, weil wir uns auseinander gelebt haben. Als ich klein war, haben wir Geburtstagskarten und Briefe von ihr gekriegt. Sie ist auch in der ersten Zeit immer gekommen. Meine Mutter und ich haben in alten Kalendern gewühlt. Da stand dann schon mal, dass Frau Neumann zu Besuch kommt. Vielleicht zweimal im Jahr. Ich glaube, als ich drei war, kam sie nicht mehr zu Besuch.

Meine richtigen Eltern ließen sich scheiden, als meine Mutter mit mir schwanger war. Ich habe meinen Vater auch noch nie in meinem Leben gesehen. Ich habe keine Lust, meinen Vater zu sehen. Ich weiß auch nicht warum. Er war von Anfang an nicht da und er ist auch jetzt noch nicht da. Auch nicht in Gedanken. Er war einfach nie vorhanden.

Ich versteh mich ganz gut mit meinen Eltern. Nun ja, streiten tut man sich auch einmal. Mein Vater arbeitet ganztags, deshalb sehen wir ihn nur abends. Ich würde sagen, dass ich mich ganz normal mit ihm verstehe. Hier ist es schon so, dass für mich beide die gleiche Bedeutung haben. Ich möchte beide zusammen haben.

Klar, wenn wir uns mal ganz doll gestritten haben und ich geheult habe, dann denkt man schon: Manno, das sind doch nicht meine richtigen Eltern. Das ist doch gemein. Das sind aber keine Sachen, die man ganz ernst meint. Das sind Sachen, die man denkt, weil man ganz wütend ist. Aber gesagt hab ich das noch nie. Wenn ich das sagen würde, würden sie auch nicht entsetzt reagieren. Ich hab es auch nie gesagt, weil ich ganz genau weiß, dass ich das nicht ernst meine. Ich schmeiße meinen Eltern eine ganze Menge an den Kopf, aber das nicht.

Meine Schwester ist siebzehn und es ist klar, dass sie mehr als ich darf. Ich sehe, dass sie anders behandelt wird als ich. Aber ich sehe auch, dass das nicht etwas ist, was man ernst nehmen muss. Aber ich führ es nicht darauf zurück, dass sie ein leibliches Kind meiner Eltern ist, sondern dass ich jünger als sie bin. Das ist meine Schwester, wir reden nicht darüber, ob leiblich oder nicht. Wir leben so, als wenn wir richtige Schwestern wären. Wir sind zusammen im Ruderverein und haben viele Freunde zusammen. Und auch dadurch machen wir öfter mal was zusammen.

Am Rudern reizt mich, dass dort so viele nette Leute sind. Und dass man dort auch immer seinen Frust rauslassen kann und dass man dort immer hin kann. Ich kann da von morgens bis abends hin und es ist immer jemand da. Langweilig ist mir eigentlich nie, weil ich immer weiß, wo ich hin kann. Ich rudere seit fast sechs Jahren. Seit einem Jahr gehe ich fast täglich hin. Es gibt schon Tage, wo ich nicht hingehe. Am Dienstag habe ich Tanzen. Ich bestreite auch Regatten. Im Trainingslager habe ich Vierer mit Steuermann trainiert. Ich war mal vor zwei Jahren Bremer Vizemeisterin, aber das war ganz automatisch, weil wir beim Vierer nur einen Gegner hatten. Wir wollen alle was erreichen. Das müssen wir, weil unser Trainer sonst ein bisschen sauer wird. Er will keinen dabei haben, der nur denkt, das sei alles nur pillepalle. Er möchte schon einen sehen, der ein bisschen Ehrgeiz zeigt. Ich lege aber keinen Wert darauf, Weltmeister oder Olympiasieger zu werden. Ich kann mir nicht vorstellen, ständig zu trainieren. Ich will auch einmal sagen können, dass ich heute nicht trainieren will. Doch geträumt hab ich schon einmal, dass ich zur Olympiade oder zur Weltmeisterschaft mitfahre. Aber ich hab da nicht gleich geträumt, dass ich da den Ersten mache. Das wär ja unverschämt. Eher so den dritten Platz. Große Meisterschaften können wir nicht erringen, da wir alle zu spät angefangen haben zu trainieren. Ich hab aber auch nicht den Ehrgeiz, um solche Ziele zu erreichen. Ich brauch auch viel anderes.

Ich turne im Verein, seit ich zwei Jahre alt war. Dann tanze ich auch noch. Dann hab ich auch noch eine Turngruppe für Kinder übernommen. Und das möchte ich alles haben. Ich hab Wettkämpfe mitgemacht, aber das ist inzwischen auch vorbei. Wir machen das inzwischen nur noch aus Spaß und Lust. Wir reden und albern auch viel rum. Unsere Gegner sind einfach viel besser als wir geworden. Deshalb verzichten wir auf Wettkämpfe, weil wir uns diesen Frust nicht antun müssen.

Ich könnte mir überhaupt nicht vorstellen, keinen Sport zu machen. Ich hatte eine Kniespiegelung. Beim Rudern macht man ziemlich viel mit den Beinen.

Ich habe nach der Operation lange genug gewartet. Doch danach ist mir gleich meine Kniescheibe rausgesprungen. Daraufhin haben meine Eltern verboten, Regatten zu fahren. Ich will nicht sagen, dass es mir nichts ausmacht, wenn mir die Kniescheibe rausfällt. Meine Knie tun mir weh, seit ich denken kann. Wenn man etwas kaputte Knie hat, tun die eben nach einer Zeit weh, wenn man länger gefahren ist. Das kommt bei mir aber auch deshalb, weil meine Kniescheiben falsch sitzen. Das ist aber keine Sache, wegen der ich aufhören würde zu rudern. In einer Zeitschrift wurde sogar bewiesen, dass Rudern der gesündeste Sport ist. Ich würde das auf keinen Fall schmeißen. Das hat mir auch kein Arzt gesagt. Sie haben mir nur gesagt, was ich wie machen soll.

Wenn man anderen erzählt, dass man Pflegekind ist, sagen sie oft: Das ist aber fies und herzlos, dass deine Eltern dich weggegeben haben. Doch ich denk mal, dass meine Mutter das nicht gemacht hat, weil sie keine Lust mehr hatte, sondern weil es nicht mehr ging. Ich denke nicht, dass sie eine blöde Kuh ist, sondern es wird schon einen Grund gehabt haben. Ich versuche das so rüberzubringen, aber, was sie sich zurechtdenken, ist deren Meinung. Ich denk da halt ganz anders darüber als sie. Für mich ist das ganz normal. Ich kenne das nicht anders und für mich ist das nicht schlimm. Sie denken halt: Wie furchtbar für mich. Und wie kann man nur ein Kind weggeben. Ich glaube aber auch, dass viele nicht groß darüber nachdenken, sie sind einfach nur schockiert.

Ich werde auch an meine Situation erinnert, wenn ich mit anderen Kindern Fotoalben angucke. Sie sagen dann beispielsweise, gucke mal wie süß ich früher aussah, und ich wog soundsoviel Gramm und war soundsoviel Zentimeter groß. Sie fragen mich, wie groß ich denn war und zeig mal deine Fotos. Dann muss ich sagen, dass ich gar keine Fotos hab. Das ist komisch. Ich hätte schon gerne welche. Mich verletzt das nicht, aber ich bin neugierig, wie ich als Baby ausgesehen hab. Es ist nichts als Neugierde.

Ich mag Kinder total gerne. Und ich stelle mir Schwangersein total schön vor. Säuglinge und kleine Kinder finde ich sehr niedlich. Ich könnte mir nicht vorstellen, mein eigenes Kind oder ein Adoptivkind oder ein Pflegekind wegzugeben. Ich glaube, dass ich da irgendwas drehen und wenden würde, damit ich es behalten könnte. Ich weiß nicht, ob das mit meiner Geschichte zu tun hat. Also ich würde nie auf die Idee kommen. Eher würde ich meine Mutter fragen, ob sie mich dabei unterstützen würde. Also, ich möchte auf jeden Fall

Kinder haben. Und zwar nicht eins oder zwei, sondern mindestens drei. Ich könnte dauernd kleine Kinder im Arm halten. Ich spiele auch gerne mit Kindern. Ohne Kinder fände ich das schon einmal total doof, weil Kinder etwas Besonderes sind. Ich kann mir auch vorstellen, schon mit zwanzig Kinder zu bekommen. Mein Freund will noch nicht. Er ist zwanzig und sagt immer, dass wir darüber reden könnten, wenn ich zwanzig wäre, weil er dann schon fünfundzwanzig wäre. Mir ist klar, dass ich erst in der neunten Klasse bin und noch kein Kind haben muss. Ich könnte mich in keinen Mann verlieben, der keine Kinder haben will. Der hätte bei mir überhaupt keine Chance.

Mein Freund würde gerne Kinder adoptieren. Er hat ebenso wie ich stark Neurodermitis. Und er möchte kein Kind, das auch Neurodermitis hat, weil er damit nicht richtig klarkommt. Er findet das nicht toll, weil es nicht angenehm ist. Die Haut ist immer trocken. Ich habs im Gesicht. Das finde ich furchtbar. Augenblicklich sieht man das nicht, weil ich keinen Zucker esse. Ich achte auf meinen Plan. Gut, es ist ganz klar, dass unser Kind Neurodermitis kriegen wird. Seine Oma hat die Krankheit und ich weiß nicht, wie es mit meinen Eltern ist. Man hat mir erzählt, dass es vielleicht in der Pubertät weggeht. Das ist aber alles völliger Quatsch. Ich muss einfach darauf achten. Ich weiß, was ich essen darf und was nicht. Ich muss immer mein Zimmer sauber machen, damit der Staub nicht überall ist. Ich brauch nur eine Mandarine essen, dann sehe ich aus wie ein Streuselkuchen. Meine Mutter sagt dann auch gleich, dass ich wieder was Falsches gegessen habe. Ich sage dann Nein, obwohl ich es genau weiß. Man kann sich nicht immer kontrollieren. Nachts kratzt man sich halt auf und dann entzündet sich die Haut. Ich find es blöd, dass ich es im Gesicht habe. Das sieht jeder. Lieber hätte ich es irgendwo anders. Mein Freund hat es ganz anders als ich. Bei ihm ist einfach die Haut am ganzen Körper trocken.

Manchmal versuche ich meinem Freund zu erzählen, dass unser Kind nicht zwangsläufig Neurodermitis haben muss, weil ich gar nicht weiß, ob die Krankheit häufig in meiner leiblichen Familie vorgekommen ist. Mein Freund hat die Krankheit ganz stark im Winter und ich im Sommer. Wenn es kalt ist und er sich ständig kratzen muss, denkt er: Mein Kind soll das nicht haben. Wenn ich mich aufkratze, hält er mich fest. Und wenn er sich kratzt, halte ich ihn fest.

Ich glaube, wenn er die Wahl hätte, würde er sich für ein Adoptivkind entscheiden. Wenn er merkt, dass ich eigene Kinder bevorzuge, zieht er auch mit dem Argument nach, dass es genügend Kinder in den Heimen gibt. Doch damit hat er bei mir keine Chance. Also ich finde es total schön, ein eigenes Kind zu kriegen. Ich würde auch nicht ein eigenes Kind kriegen wollen und dazu ein Pflegekind nehmen, weil es nicht zusammenpasst. Wenn überhaupt nur dann, wenn das Pflegekind älter wäre. Bei mir ist das nicht so, aber ich glaube, dass viele Pflegekinder denken, dass sie in der Familie nicht so eingestuft sind wie die leiblichen Kinder. Das ältere Kind wird immer ein bisschen bevorzugt. Das sag ich jetzt so, weil ich eine ältere Schwester habe. Eigentlich möchte ich nur eigene Kinder. Doch wenn ich keine eigenen Kinder kriegen könnte, würde ich auch Pflegekinder haben wollen.

Entweder werde ich Tischlerin oder ich werde irgendetwas mit Kindern machen. Und dann will ich ein Haus mit ganz vielen Kindern haben. Ich kann mir auch gut vorstellen, als Hausfrau und Mutter zu leben. Ausschlafen und morgens mit den Kindern spielen wär' ne schöne Sache. Mit den Kindern auf den Spielplatz gehen und Eis essen und dann kommt der Mann nach Hause. Das würde mir gefallen. Wenn man Kinder hat, muss man für sie da sein. Und sie nicht in den Kindergarten stecken, wenn sie nicht wollen. Also wenn die Kinder in den Kindergarten gehen wollen, würde ich auf jeden Fall auch arbeiten gehen. Ich kann mir nicht vorstellen, dass mein Freund mit den Kindern zu Hause bleiben möchte. Er sagt auch selber, dass er erst etwas mit Kindern anfangen kann, wenn man mit ihnen reden und mit ihnen mit Legos bauen kann. Mein Freund spielt so gern mit Legos.

Nach der zehnten Klasse höre ich mit der Schule auf. Da schmeiße ich alles hin. Ich finde, dass man nicht lebt, um zu lernen. Ich möchte gern etwas machen, wo man nicht ständig lernen muss. Am liebsten würde ich arbeiten ohne irgendwelche Ausbildungen. Doch ich muss lernen, weil ich sonst nur als Kassiererin arbeiten kann und das stelle ich mir auch nicht als Erfüllung vor. Meine Eltern werden sich aber dafür stark machen, dass ich mich ausbilden lasse. Meine Mutter findet das gut, dass ich augenblicklich ein Praktikum in einer Tischlerei mache. Sie erzählt mir schon, wo ich mich bewerben könnte. Und dass ich mir den Betrieb warm halten soll, in dem ich das Praktikum mache. Ich würde das schon gerne machen, weil es ein Beruf ist, wo man immer was zu tun hat. Da sitzt man nicht blöd im Büro rum und muss immer irgendwas schreiben. Das wäre ein Job, in dem ich sterben würde.

Früher wollte ich gerne Polizistin werden. Da hat man auch immer was zu tun und ist unterwegs. Da kann man auch seine Wut rauslassen. Doch ich habe mich informiert. Bei der Polizei muss man Deutsch und Englisch gut können. Ich kann überhaupt nicht gut Fremdsprachen, deshalb ist es dann doch nichts für mich.

Ich bin recht lernfaul. Ich muss 42 Praktikumsberichte schreiben. Bisher hab ich grad eineinhalb Berichte geschrieben. Ich muss beispielsweise meinen Weg zum Tischlereibetrieb ganz genau beschreiben. Das ist völliger Quatsch. Ich hab meinen Lehrer gefragt, was für einen Sinn solche Berichte haben. Er sagte nur, dass ich das machen soll, das sei gut. Oder ich soll meinen Betrieb genau beschreiben. Wo welcher Hammer liegt. Meine Güte, der liegt mal hier und mal da. Ich weiß nicht, was das soll. Ich glaub, da krieg ich sowieso eine Fünf. Morgens sind wir in der Tischlerei und nachmittags sollen wir die Berichte schreiben. Das ist zu viel. Zum Glück ist die Tischlerei um die Ecke. Im Betrieb stufen die mich genauso ein wie einen Lehrling. Der Chef ist streng. Sie zeigen mir das, und wenn ich das nicht kann, hab ich wieder etwas falsch gemacht. An die kleinen Maschinen darf ich auch schon selber ran. Nachdem sie mir das gezeigt haben, wollen sie später ein sauberes Ergebnis sehen. Bis jetzt sind sie mit mir zufrieden. Was mir Spaß macht, klappt auch meistens. Und was ich nicht mag, klappt von vornherein nicht.

Ich bin die erste Frau, die in diesem Betrieb arbeitet. Sie fragen mich, ob ich irgendwas auch tragen kann. Ob ich das denn schaffe. Ich ärgere mich da ein bisschen drüber. Nur weil ich eine Frau bin, fragen sie das ständig. Andererseits finde ich es gut, dass sie gucken, ob ich das kann. Ich sage schon, dass sie ihre Bemerkungen unterlassen können. Ich bin nicht eine, die auf den Mund gefallen ist. Es gibt da einen, der akzeptiert es nicht so ganz, dass ich als Frau da bin. Und der denkt immer, dass ich das sowieso nicht kann. Doch alle anderen finden das schon gut, dass ich als Frau das mache. Ich bin froh, dass sie keine anzüglichen Bemerkungen machen. Das ist ganz gut, weil die alle nicht auf den Mund gefallen sind. Die sagen sonst alles, was ihnen nicht passt. Ich habe dort schon ganz viele Spitznamen. Beispielsweise Emma und Trudi. Sie suchen sich einfach einen Frauennamen, weil sie sich meinen Namen nicht merken können.

Ich bin manchmal recht frech und vorlaut und habe einen ziemlichen Dickkopf. Dazu bin ich robust und unternehmungslustig. Ich würde auch sagen, dass ich ein bisschen selbstbewusst bin. Ich komme gut durchs Leben. Doch manchmal habe ich Angst, alles falsch zu machen. Ich steig beispielsweise nicht gerne um im Zug. Ich habe immer Angst, den Zug zu verpassen. Und was mach ich dann? Wenn ich viel Geld in der Tasche habe, ist das kein Problem. Dann kann ich den nächsten Zug nehmen.

Morgens in die Schule zu gehen, macht mir keine Angst. Auch nicht, wenn ich die Hausaufgaben nicht gemacht habe. Ich mache sowieso keine Hausaufgaben. Es fällt nicht auf, wenn ich sie nicht mache. Nur die Englischlehrerin guckt grundsätzlich die Hausaufgaben nach und immer bei mir. Bei ihr mache ich das schon eher.

Mein Vater stochert immer in meinen Wunden rum. Es macht ihm einfach Spaß, wenn ich mich ärgere. Mir gefällt an ihm, dass er manchmal ganz locker ist. Er legt nicht alles auf die Goldwaage, was man ihm sagt. Es sei denn, dass er ganz schlecht drauf ist.

Ich finde zu Hause ganz toll, dass meine ältere Schwester alles vorkämpft. Meine Eltern nehmen es nicht so ernst, wann ich nach Hause komme. Wenn das der Fall wäre, fände ich das ganz furchtbar. Mein Freund ist eben älter und darf so lange weg, wie er will. Für mich wäre es weniger schrecklich, wenn am Taschengeld etwas abgezogen wird. Furchtbar wäre, wenn ich abends eher nach Hause kommen müsste. Abends hat man mit seinem Freund immer am meisten Spaß. Das find ich jedenfalls ganz toll von meinen Eltern, dass sie in dieser Angelegenheit großzügig sind.

Meine Mutter ist viel zu ordentlich. Alles muss immer aufgeräumt sein. Ich muss bei mir auch immer alles aufräumen. Wenn ich nicht aufräume, darf ich kein Fernsehen gucken. Mein Freund sagt schon zu mir, dass ich viel zu ordentlich bin. Wenn ich anfange zu putzen, höre ich gar nicht wieder auf. Mich ärgert, dass ich voll pingelig geworden bin. Eigentlich will ich das gar nicht. Das hab ich von ihr geerbt. Eigentlich fühle ich mich wohler, wenn es rödelig ist.

Meine Mutter sagt zu mir, das sie jetzt noch nicht Oma werden will. Sie hat mir von Anfang an auf den Tag genau vorgerechnet, wie viel älter mein Freund ist. Er ist fünf Jahre älter und das findet sie gar nicht toll. Sie denkt, dass er mit seinen zwanzig Jahren ganz andere Vorstellungen hat als ich mit meinen fünfzehn Jahren. Ich glaube, sie hat Angst, dass ich schwanger werden könnte. Das möchte sie nicht. Aber das bekümmert mich nicht. Sie fühlt sich aber auch noch zu jung, um Oma zu werden. Ich finde es ok, dass sie noch nicht Oma werden will. Wenn ich jetzt schwanger werden sollte, würde ich das Kind abtreiben. Aber wenn ich mit einer Ausbildung fertig bin, dann will ich sofort und auf jeden Fall ein Kind haben.

Henner, 13 Jahre

Früher hieß ich Salvatore Pelzer

Sport interessiert mich. Zuerst war ich im Fußballverein und dann war ich dort wieder draußen. Dann ging ich wieder in Fußballverein. Anschließend ging ich in Leichathletikverein. Danach hab ich Leichtathletik und Kajak gemacht. Dann hab ich mit dem Kajak wieder aufgehört. Dann hab ich Leichtathletik und Eishockey gemacht. Weil ich dann nicht mehr zur Leichtathletik gegangen bin, haben mich meine Eltern von dort abgemeldet. Leider haben sie mich auch vom Eishockey abgemeldet, obwohl ich das gerne noch weiter gemacht hätte. Auf Schlittschuhen dem Puck hinterher jagen macht mir viel Spaß. Meine Eltern haben mir gesagt, dass ich nicht mehr Eishockey spielen darf, weil ich nicht zur Leichtathletik gehe. Ich hab die Entscheidung meiner Eltern nicht verstanden. Auf Leichtathletik hatte ich aber keine Lust mehr, weil mich der Trainer immer gleich angemeckert hat, wenn ich mal gefehlt habe. Jetzt mache ich im Winter als Hobby noch Schlittschuhlaufen. Wenn der See zugefroren ist, spiele ich mit meinen Freunden oder meinem Onkel Eishockey. Und im Sommer gehe ich viel schwimmen.

Ich interessiere mich schon für Werder Bremen, aber jetzt spielen sie schlecht. Mein Freund sagt mir immer in der Schule, wie die gespielt haben. Manchmal schalte ich am Samstagnachmittag das Radio an oder geh ins Stadion. Oder gucke es im Fernsehen an. Ich bin nicht traurig, wenn Werder verliert. Als sie vor ein paar Tagen in München gegen Bayern das Pokalspiel 1:0 verloren haben, ist mein Freund ausgerastet und hat alle seine CD's kaputt gemacht. Er war so wütend. Jetzt will er nichts mehr von Werder hören.

Die Musik der Kelly Family mag ich nicht. Ich hab keine Gruppen, auf die ich steh. Ich hör Radio und hab ein paar CD's.

Ich seh gern Krimiserien und Komödien. Das wärs. Eigentlich hab ich keine Lieblingsserie. Ich mag die Krimis von Alfred Hitchcock wie „Die Vögel". Ich hatte dabei keine Angst, aber meine Schwester. Sie hat sich gleich verpieselt, weil sie Angst hatte. Sie rennt schnell weg oder setzt sich zu mir aufs Sofa und hält mich fest. Das finde ich ein bisschen peinlich, weil sie ja ein Jahr älter ist als ich. Sie guckt mit mir einen Hitchcock Film und grade wenns spannend ist, geht sie raus.

Ich lese nicht so viel. Im Moment lese ich „Prinz Eisenherz" oder „Berts romantische Geschichten". Das ist ein Tagebuch, was ganz lustig ist. Einmal beschreibt er, dass er in der Schule rausgeflogen ist. Mir gefällt, dass der ganz schön viel Quatsch macht.

Fächer wie Deutsch und Englisch mag ich nicht. Englisch mag ich nicht, weil ich ungern Vokabeln lerne. Ich schreib auch nicht gern. Ganz kurz in England hab ich mal Tagebuch geschrieben. Dann nicht mehr. Werken finde ich auch ganz gut, doch wir müssen ganz weit fahren, um Werken zu machen. Der Werkraum bei uns in der Schule ist versifft. Sobald es geregnet hat, steht da ein Zentimeter Wasser drin.

Physik finde ich eigentlich ganz gut, aber die Lehrerin ist blöd. Physik find ich deshalb nicht so gut, weil die Lehrerin zu mir sagt, dass ich nicht so rumschreien soll, obwohl ich gar nicht schreie. Und sie sagt, dass ich mich über den Tisch legen würde, obwohl das gar nicht stimmt. Ich hab dann welche in der Klasse gefragt, ob es stimmen würde, dass ich durch die Klasse schreie. Sie meinten, dass das gar nicht wahr wäre. Die Lehrerin meint jedoch, dass das wohl stimmen würde. Am Donnerstag hatten wir Physik und ich hab mich mit einem Freund unterhalten. Dann sagte sie zu mir, wenn ich noch einmal reden würde, müsste ich nachsitzen. Sie sagte, wenn am Nordpol die Sonne ist, dann haben sie keine Nacht. Dann fragte sie, wie es am Nordpol im Winter ist, und ich hab das dann einfach gesagt, ohne mich zu melden. Die Lehrerin sagte, dass ich deshalb nachsitzen muss. Sie hat etwas gegen mich. Das ist die Einzige von den Lehrern, die etwas gegen mich hat. Die anderen Lehrer sind eigentlich alle ganz freundlich.

Ich hab einen Computer, aber der ist ein bisschen alt. Mit dem kann man keine Spiele spielen. Meine Mutter hat einen mit CD-Rom, der ist leider kaputt gegangen. Jetzt dürfen wir nicht mehr daran spielen. Es gibt gute Computer-spiele. Wenn man beispielsweise die rechte Hand gebrochen hat, muss man bei uns in der Schule die Hausaufgaben mit der linken Hand machen. Das könnte ich dann halt mit dem Computer machen und es danach ausdrucken. Dann gibt es noch ein Fehlerprogramm. Wenn man das anklickt, zeigt es die Fehler an. Und dann kann man das eben berichtigen. Ich hab noch nicht die Hand gebrochen, aber meine Schwester. Sie musste die Aufgaben dann mit dem Computer machen.

Ich würde schon gern einen eigenen neuen Computer haben. Doch da müsste ich ein bisschen sparen. Jetzt spare ich grade. Sonst hab ich mein Taschengeld an dem Tag ausgegeben, an dem ich das gekriegt hab. Zuerst hab ich für den Freimarkt gespart. Jetzt spar ich für Weihnachten, damit ich Geschenke kaufen kann. Nach Weihnachten spar ich, wenn ich noch Geld übrig habe, für Silvester, um mir Knaller zu kaufen. Meine Mutter meinte, dass ich meinen drei kleinen Geschwister nichts schenken muss. Aber vielleicht schenke ich ihnen doch was.

Eigentlich find ich es ganz gut, dass ich noch mal drei kleinere Geschwister gekriegt hab. Wenn ich meinen jüngsten Bruder jage, rennt er gleich zu meiner Mutter und sagt, dass ich ihn ärgere. Oder wenn ich aufräume, dann kommt meine kleine Schwester an und macht alles unordentlich. Dann schreie ich sie an, dass sie das lassen soll. Dann rennt sie gleich zu meiner Mutter und sagt, dass ich sie haue, obwohl das gar nicht stimmt. Wir müssen auch oft auf die Kleinen aufpassen, wenn meine Eltern einkaufen fahren und so. Das nervt ein bisschen. Doch mein dreijähriger Bruder ist ganz gut, der holt morgens immer Brötchen für uns alle. Er kriegt Zettel und Geldbeutel und kommt mit den Brötchen und dem Restgeld nach Hause. Im Laden kriegt er meistens auch was Leckeres. Das macht er schon seit ungefähr einem halben Jahr. Ich spiel ganz gern auch mit ihnen. Es macht mir auch Spaß, die zu ärgern. Es nervt mich, wenn ein Freund von mir da ist, der mit den Kleinen spielen will. Er hat selbst kleinere Geschwister, die aber ein bisschen älter sind als meine Geschwister. Mit den Jüngeren spielt er wohl lieber. Das dauert immer, bis ich endlich mit ihm was machen kann.

Ein Freund von mir ist Einzelkind. Der hat einen Fernseher mit Kabelanschluss. Er hat einen Supernitendo. Und eine Play Station. Und dazu hat er noch eine gute Anlage. Er hat ein großes Zimmer. Wir haben eben strengere Eltern.

Einzelkinder haben es halt besser als Geschwisterkinder. So denk ich manch-mal.

Als meine Mutter mit den Kleinen weg war und mein Vater die neue Wohnung renovierte, musste ich immer kochen, weil meine Schwester das nicht konnte. Wenn ich zu spät von der Schule kam, hat mich meine Schwester angemeckert und sagte zu mir, dass ich was zu Essen machen sollte. Sie sagte, dass sie Hunger hätte. Manchmal hab ich dann Pfannkuchen, Kartoffelpuffer oder Spaghetti mit Tomatensauce gemacht. Am liebsten esse ich Milchreis und Pfannkuchen. Brot mag ich nicht so gerne. Ich esse auch abends lieber Haferflocken mit Milch.

Mit fünf Monaten wurde ich adoptiert, seitdem bin ich da. Meine Mutter soll anscheinend zu jung gewesen sein und konnte die Verantwortung nicht haben. Ich war in einem Pflegenest. In dem Pflegenest war auch noch ein Mädchen, die Wasser im Kopf hatte. Jedenfalls haben sie mich dort untergebracht und haben mich verpflegt. Sie haben meiner leiblichen Mutter angeboten, jeden Tag dorthin zu kommen, um mich zu wickeln und zu füttern. Da hat sie ok gesagt. Sie ist die ersten zwei Tage gekommen und dann nicht mehr wieder. Dann meinten sie in dem Pflegenest, dass sie die Verantwortung nicht haben kann. Dann kam ich zu meinen Eltern.

Ich würde meine leibliche Mutter gerne mal sehen, aber man darf sie ja erst mit 18 kennen lernen. Das ist das Problem. Wenn ich sie jetzt mal kennen lernen will, geht das nicht. Meine Mutter sagte, dass ich sie erst mit 18 treffen kann und sagte auch, dass wir dann zusammen hingehen könnten. Dann müssen wir noch rauskriegen, wo sie wohnt, und dann könnte ich sie anrufen, schlug sie vor. Wenn ich mit meinen Eltern streite, will ich meine leibliche Mutter sofort sehen.

Wenn früher meine Oma mich angemeckert hat, hab ich zu ihr gesagt, dass sie mir gar nichts zu sagen hat, weil sie nicht meine richtige Oma ist. Dann war die ein bisschen sauer auf mich. Ich hab mich dann entschuldigt und dann ging es wieder. Mein Gefühl ist schon so, dass es meine Oma ist. Dass sie nicht meine richtigen Eltern sind, habe ich zu meinen jetzigen Eltern nicht gesagt. Wenn ich nicht so lange Fernsehen gucken darf oder nicht so lange draußen bleiben darf, stell ich mir manchmal vor, dass ich es vielleicht bei meiner leiblichen Mutter besser hätte. Manchmal denk ich, dass meine Eltern zu meiner Schwester und mir nicht so nett sind wie zu meinen drei kleinen Geschwistern. Das hab ich früher mal gedacht, und dass sie nicht so nett zu uns sind, weil wir adoptiert sind. Doch jetzt denk ich das nicht mehr so, weil sie wieder netter zu uns sind.

Ich stelle mir nicht vor, wie meine leibliche Mutter aussieht. Ich weiß nur, dass mein leiblicher Opa in Amerika bei der Kavallerie war. Oder so irgendwas. Das ist der Vater meiner leiblichen Mutter. Das hat mir meine Mutter erzählt. Ich denk mir immer, dass ich zu einem Viertel Amerikaner bin. Ich weiß nicht, ob er noch in Amerika lebt und ob meine leibliche Mutter dort geboren ist. Meine Mutter ist mal von New York ganz auf die andere Seite gefahren, um Bekannte zu besuchen und von dort dann wieder zurück nach New York. Ich möchte schon mal gucken, wie es da in Amerika so aussieht. In Amerika reizt mich der schöne Strand, Sonne, da kann man schön braun werden. Im Zentrum von großen Städten wollte ich nicht sein, wegen dem vielen Autogebrummel. Da kann man nicht so gut schlafen. Das war mal in England so. Als wir in England angekommen waren, mussten wir lang rumfahren, bis wir eine Schlafmöglichkeit mit „bed and breakfast" gefunden hatten. Da haben wir genau an der Hauptstraße gelegen. Es gab dort immer ein Gebrumme. Da konnte man nicht so gut einschlafen.

Über meinen leiblichen Vater weiß ich gar nichts. Das interessiert mich schon zu wissen, wer das ist. Ich nehme es meiner Mutter nicht übel, dass sie die Verantwortung für mich weggab. Sie war ja so jung. Da hat man ja noch so viel zu tun. Ich stelle mir jedenfalls schon vor, dass ich genau an meinem 18. Geburtstag erfahren will, wo meine Mutter wohnt und dann will ich da auch anrufen. Da will ich sie fragen, ob wir uns nicht mal treffen können. Ich will sie einfach sehen.

Ich hieß mal Salvatore Pelzer. Ich finde den Namen eigentlich besser als meinen jetzigen Namen. Er klingt einfach besser. Meine Eltern mögen den Namen nicht so und ich sollte auch einen seltenen Namen haben. Vor ein, zwei Jahren hab ich in meinen Impfpass geguckt. Dort stand dann Salvatore Pelzer. Das ist einfach ein besserer Name als der, den ich jetzt habe. Ich konnte Salvatore nicht so richtig lesen, weil das so komisch geschrieben war. Deshalb hab ich meine Eltern gefragt, wie der Name genau heißt. Ich hab sie dann auch gefragt, warum sie den Namen verändert haben. Sie sagten, weil es kein deutscher Namen ist oder irgend so was. Das Argument hab ich nicht verstanden. Aber ich konnte ihnen das nicht sagen. Früher haben wir öfter darüber geredet, doch jetzt weiß ich ja mehr. Jetzt reden wir ganz selten noch drüber. Ich zähle schon die Jahre, weil ich einfach mal zu meiner Mutter will. Ich weiß nicht, aber ich habe keine Angst enttäuscht zu werden. Vielleicht hat sie noch mehr Kinder, dann hab ich auch noch leibliche Geschwister. Das möchte ich auch wissen.

Meine Oma wohnt in der Nähe von Bremervörde und in dem Telefonbuch ist Bremerhaven auch noch drin. Dort habe ich dann geguckt, ob da Pelzer drin steht. Aber sie stand nicht im Telefonbuch drin.

Meine Eltern reagieren ganz normal, wenn ich sie darüber frage. Bei meiner Schwester war es so, dass ihre leibliche Mutter das Kind zur Adoption abgegeben hat, weil sie nicht wollte, dass ihre Mutter erfährt, dass sie ein Kind kriegt. Wenn meine leibliche Mutter mich irgendwann mal nicht sehen will, dann kann ich auch nichts dafür. Dann ist es eben so.

Meine leibliche Mutter ist mir schnurzegal

Ich lebe bei meinen Pflegeeltern, weil meine Eltern Alkoholiker waren und mein Stiefvater mich verkloppt hat. Nachdem ich bei meinen Eltern auszog, bin ich zu meiner Oma und meinem richtigen Vater gezogen, der aber auch Alkoholiker ist. Dort hat meine Oma immer auf mich aufgepasst. Irgendwann ist meine Oma gestorben, als ich alleine mit ihr war. Mein Vater war auf Entziehungskur. Dann kam meine ältere Schwester und hat mich dort rausgeholt.

Ich weiß nicht, wann sich meine Eltern getrennt haben. Bis zum achten Lebensjahr habe ich bei meiner Mutter und meinem Stiefvater gelebt. Mein Vater hat mich dort öfter abgeholt und wir sind dann zu ihm gefahren. Irgendwann wollte ich bei ihm bleiben. Ich wollte von meiner Mutter und meinem Stiefvater weg. Wir haben das mit dem Jugendamt geklärt.

Ich wurde von meinem Stiefvater wegen jeder Kleinigkeit verkloppt. Es reichte schon aus, wenn ich fünf Minuten zu spät kam. Er hat mich mit einem Gürtel oder Kleiderbügel geschlagen. Und beide waren nur am Saufen. Sie haben sich nicht richtig um mich gekümmert. Meine Mutter hatte zwischenzeitlich immer verschiedene Macker bei sich. Ich kann mich noch erinnern, dass es einmal Hühnersuppe gab. Ich mochte noch nie Hühnerhaut und Fett. Meine Mutter mochte das selber nicht. Meine Mutter und mein Vater haben Mittagsschlaf gemacht, während ich die Suppe zu Ende essen musste. Ich habe eigentlich alles aufgegessen außer das Hühnerfleisch. Das hab ich im Teller drin gelassen. Dann sind meine Eltern wieder aufgestanden. Meine Mutter sah dann, dass ich die Hühnerhaut nicht aufgegessen hab. Sie hat mich dann an den Haaren gepackt und ins Badezimmer gezogen. Dort hat sie mich mit Klamotten eiskalt abgeduscht.

Wir haben im Hochhaus im dritten Stock gewohnt. Dort saß ich einmal auf der Fensterbank. Das Fenster war offen und ich habe Musik gehört. Dann kam mein Stiefvater rein und hat das gesehen. Und hat mich verkloppt. Er hat einfach zugeschlagen, ohne mir etwas zu erklären.

Ich kann mich nicht erinnern, dass meine Mutter mit mir etwas Besonderes gemacht hat. Als meine leiblichen Eltern noch zusammen waren, hat mein Vater immer das Essen gekocht, während meine Mutter besoffen im Bett lag. Oder sie lag irgendwo auf dem Boden herum. Er hat mir auch die Flasche gemacht, als ich ganz klein war. Jetzt bin ich 16 und vor acht Jahren bin ich von ihr weggegangen. Und seitdem hab ich vielleicht zwei, drei, vier mal Kontakt mit ihr gehabt, mehr nicht.

Meine Mutter und mein Stiefvater haben sich oft ziemlich laut gestritten. Ich weiß aber nicht, um was es bei diesen Streitereien ging. Es kann sein, dass es manchmal auch um mich ging. Wenn die sich gestritten haben, hab ich mich meistens in meinem Zimmer verkrochen. Ich glaube, dass ich meine Mutter lieb gehabt hab, aber ich hab auch Schiss vor ihr gehabt. Und vor meinem Stiefvater hab ich erst recht Angst gehabt. Dem bin ich, wenn ich konnte, aus dem Weg gegangen. Meine Mutter hat er auch immer zusammengeschissen, wenn sie ein bisschen zu spät nach Hause kam. Meine Schwester meinte mal, dass er mich vielleicht auch geschlagen hat, weil er selber solche Schmerzen hatte. Er hatte Leukämie. Vielleicht war er deshalb immer so aggressiv.

Meine Mutter hat mich in den Kindergarten gebracht und auch wieder abgeholt. Gegessen haben wir regelmäßig. Doch es kam auch vor, dass das Essen ausfiel, weil sie betrunken waren. Als mein richtiger Vater noch da war, hab ich manchmal Brot mit Zucker obendrauf gegessen, weil sie keine Zeit zum Kochen hatten. Ich hab nie etwas dazu gesagt. Ich denke mir, dass man als kleines Kind immer Schiss hat, wenn die Eltern betrunken sind. Es gab schon mal Tage, an denen meine Mutter nichts getrunken hat. Doch es war ziemlich selten. Ich hab es sofort gemerkt, wenn sie betrunken waren, weil sie immer so laut sprachen und so rumgelallt haben.

Wenn meine Mutter nicht betrunken war, fand ich es ziemlich gut. Dann sind wir manchmal zusammen einkaufen gefahren. Am Sonntag haben wir oft was gemeinsam gemacht. Da sind wir in einer Kneipe zum Frühschoppen gegangen. Wir saßen dann da und meine Eltern haben was getrunken. Irgendwann war da mal ein Mann, der einen Hund hatte. Meine Mutter und ich haben zu Hause Geld geholt und haben ihm den Hund abgekauft. Dann hatte ich einen Hund, mit dem ich spazieren gehen konnte. Zwei oder dreimal sind wir auch schwimmen gegangen, aber ich konnte nicht schwimmen. Ich finde das eigentlich selbstverständlich, wenn man ein Kind hat, dass man es zum Schwimmunterricht bringt. Ich habe erst mit elf schwimmen gelernt.

In der Grundschule sind wir nie schwimmen gegangen. Ich bin mit meinem Vater, als ich bei ihm lebte, öfter gegangen. Da hatte ich Schwimmflossen und mit denen bin ich dann auch ins Schwimmerbecken gegangen. Irgendwann hab ich die Flossen abgemacht und konnte schwimmen. Ich hab es mir selber beigebracht. Ich war sehr stolz darauf.

Von der dritten bis zur sechsten Klasse lebte ich bei meinem Vater. Das Leben mit ihm war ziemlich witzig. Anfangs haben wir auch immer Fußball im Garten zusammen gespielt. Er hat auch mit mir in der Sandkiste rumgespielt. Wir hatten einen tierisch großen Garten mit vielen Bäumen. Wir hatten Apfel- und Kirschbäume, Johannisbeersträucher und allen möglichen Kram. Meine Oma hatte viel Gemüse gepflanzt. Ich kann mich noch an die Erbsen erinnern, die wir gepflückt haben. Aber irgendwann ging das Spielen nicht mehr, weil mein Vater irgendwas mit den Bandscheiben hatte. Dann war ich immer ziemlich enttäuscht, weil er mit mir nicht mehr Fußball spielte.

Nachdem meine Oma gestorben war, war ich wenig in der Schule. Wenn mein Vater gesoffen hatte, musste ich nachts um halb eins den Krankenwagen anrufen, weil es ihm angeblich so schlecht ging. Dann musste ich nachts zum nächsten Telefon fahren, damit der Krankenwagen kam. Unser Telefon hatten sie abgestellt, weil er wahrscheinlich die Rechnung nicht bezahlt hatte. Dann kam der Krankenwagen und hat meinen Vater mitgenommen. Ich blieb dann alleine zu Hause zurück. Ich bin ziemlich regelmäßig deshalb zur Telefonzelle gefahren. Die im Krankenwagen haben sich nicht darum gekümmert, dass ich alleine war. Mein Vater war berühmt, dass sie bei meinem Anruf immer schon wussten, wo wir wohnten. Einmal hielt nachts auf meinem Weg zum Telefon ein Streifenwagen und die Polizisten fragten mich, was los ist. Ich habe es ihnen erklärt und bin danach selber wieder mit dem Fahrrad nach Hause gefahren.

Das Haus lag etwas abseits von der Stadt. Ich hab mich, wenn ich alleine war, ins Bett gelegt und hab versucht, so schnell wie möglich einzuschlafen. Wegen diesen Geschichten war ich auch ziemlich selten zur Schule. Natürlich hab ich dann auch immer schlechte Arbeiten geschrieben. Und dann hab ich mich nicht mehr zur Schule getraut, weil ich die Hausaufgaben nicht gemacht hatte, da ich den Stoff nicht mitgekriegt hatte. Sonst hätte ich einen Anschiss von meinem Lehrer gekriegt. Deshalb hab ich zu meinem Vater auch öfter gesagt, dass ich dolle Bauchschmerzen hätte. Er sagte dann, dass ich dann doch lieber zu Hause bleiben solle. Trotzdem hat er mich dann losgeschickt zu einem kleinen Laden, damit ich ihm drei, vier Bier und eine Zeitung sowie Tabak kaufen konnte. Wenn er kein Geld mehr hatte, musste ich nachts gegen zehn Uhr mit dem Fahrrad zu einem ganz kleinen Kiosk fahren. Dann hat er Zwei, Fünf- und Zehnpfennigstücke zusammengekratzt, damit ich noch zwei, drei Flaschen Bier für ihn kaufen konnte. Taschengeld hab ich auch nicht gekriegt. Er hat mir aber ab und zu Geld gegeben. Zehn oder zwanzig DM, die ich immer angesammelt hab und ins Sparschwein gestopft hab. Doch wenn er kein Geld mehr hatte, hat er mein Sparschwein genommen und hat es geplündert. Ich konnte gar nichts dagegen tun, da ich ihn sowieso nicht davon abgebracht hätte. Und als er wieder Geld hatte, gab er mir wieder davon. Dieser Vorgang wiederholte sich immer wieder. Ich dachte immer, dass es ein Notfall ist. Ich hätte auch mal auf die Idee kommen können, das Geld so schnell wie möglich auszugeben. Aber irgendwie bin ich darauf nicht gekommen.

Als mein Vater besoffen war, hat er auch einmal von Nachbarn den Schuppen aufgebrochen und hat sich da ein paar Sachen rausgeholt. Wir wohnten in einem ganz großen Haus. Als meine Oma tot war, wurden die Zimmer anders verteilt. Ich habe dann ganz oben mein Zimmer gekriegt. Mein Zimmer hat er damit eingerichtet, was er bei dem Nachbarn aus dem Schuppen rausgeklaut hatte. Ich wollte meiner Nachbarin mein Zimmer zeigen. Dies hat mir mein Vater aber verboten. Dann wäre sein Diebstahl rausgekommen. Es stand auch in der Zeitung, dass der Schuppen unserer Nachbarn aufgeknackt worden sei. Ich war ja noch wach, als er dort einbrach. Ich weiß nicht, ob ich ihm irgendwann einmal etwas darüber gesagt hab.

Er war vor zwei, drei Jahren im Knast. Aber ich weiß nicht warum. Er hat es mir nicht erzählt. Er meint, dass es daran lag, weil er immer den Krankenwagen anrief und er aber doch nichts hatte. Aber das glaube ich ihm nicht. Ich glaube, er hatte überall tierisch hohe Schulden in den Kneipen. Ab und zu hat er mich auch mal mitgeschleppt in irgendwelche Kneipen. Dann hab ich mit den Erwachsenen Dart gespielt. Den Leuten musste ich erzählen, dass mein Vater Hubschrauberpilot gewesen ist. Der war aber kein Hubschrauberpilot. Ich glaube, der Typ hat noch nie in seinem Leben gearbeitet. Rechtsanwalt war er auch mal. Ich hab mich gewundert, warum ich das erzählen soll. Ich hab ihn nicht gefragt, sondern habe mir nur gedacht, dass ich das erzählen soll, damit die anderen Leute ihn ganz toll finden.

Wir sind zu den Kneipen immer mit dem Fahrrad hingefahren. Einmal war mein Vater danach so stockbesoffen, dass er gar nicht mehr geradeaus fahren konnte. Er fiel irgendwann hin, deshalb hat irgendjemand einen Krankenwagen angerufen. Sie haben ihn aber weiterfahren lassen, weil er das unbedingt wollte. Dann haben die im Krankenwagen aber die Polizei angerufen und haben einen Streifenwagen schicken lassen. Wir sind in die nächste Kneipe rein. Die Polizisten kamen dort auch rein und suchten einen älteren Mann mit grauen Haaren und Brille, mit einem kleinen Kind dabei. Er saß an der Theke und trank Mineralwasser und sagte nichts zu den Polizisten. Und dann wollten sie grade gehen, da ist er aufgesprungen und sagte ihnen, dass er der ist, den sie suchen. Wir mussten die Fahrräder stehen lassen. Sie haben uns mitgenommen zur Wache. Dort wurde ihm Blut abgenommen. Pusten musste er auch noch. Irgendwann haben sie uns wieder nach Hause gefahren.

Ich war bei ihm immer gut versorgt. Er hat immer tierisch viel eingekauft, wenn er Geld gekriegt hat. Er hat viel Süßigkeiten gekauft und hat immer gekocht, was ich wollte. Er hat täglich gekocht. Tagsüber war er nicht besoffen, erst gegen Abend.

Mein Vater hat sich für die Schule immer irgendwelche interessanten Ausreden einfallen lassen. Britta hats mit dem Magen. Britta hat eine Grippe. Britta hat Scharlach oder Mandelentzündung oder Fieber. Das fiel nie auf. Mein Klassenlehrer fand es immer ziemlich komisch, aber der hat auch nichts unternommen. Mein Vater ist auch nie zu irgendwelchen Elternabenden gegangen.

Ich habe meinen Freundinnen auch nicht erzählt, warum ich nicht zur Schule gegangen bin. Die meisten jedoch wussten, dass mein Vater säuft. Sie wohnten in der Gegend und wussten das einfach. Mir war das peinlich. Ich hätte mich auch einmal fast mit einer Freundin geprügelt, weil sie meinte, dass mein Vater Alkoholiker ist. Ich fand es Scheiße, dass eine Fremde eine Beleidigung über meinen Vater sagt.

Ich hatte wenig Freundinnen. Ich war mehr mit Jungs zusammen. Mit denen hab ich immer Fußball gespielt und Räuber und was weiß ich noch alles. Ich hatte zwei richtig gute Kumpels und eine richtig dicke Freundin. Und mit denen bin ich rumgehangen. Mit den Jungs war es für mich immer lustiger, weil die viel draufgängerischer sind. Sie sind nicht so zimperlich wie Mädchen, die immer nur mit Puppen rumspielen. Es war lustiger, große Sandburgen zu bauen und dann mit den Autos darum zu fetzen. Mein Vater nahm immer irgendwelche Leute zur Miete. Und einer davon hatte einen Trabi, der irgendwann nicht mehr funktionierte. Den hab ich als Spieltrabi gekriegt. Einer von uns hat sich dann ans Steuer gesetzt und die anderen haben ihn durch die Straßen geschoben. Wir sind auch zusammen auf Bäume geklettert. Puppenspielen hat mir keinen Spaß gemacht. Ich glaube, dass ich nie eine richtige Puppe hatte. Als ich elf war, da hatte ich dann ein paar Barbies. Ich hatte jedoch mehr Autos als Barbies.

Anfang der sechsten Klasse ist meine Oma gestorben. Oder etwas früher. Jedenfalls war mein Zeugnis in der sechsten Klasse ziemlich schlecht. Trotzdem bin ich für die Realschule empfohlen worden. Meine Oma hat immer ein Auge darauf geworfen, dass ich zur Schule gehe. Und als sie weg war, fehlte ich viel in der Schule.

Meine Oma lag schon im Bett und hat mich irgendwann zu sich gerufen. Sie sagte, dass ich mal das Fenster aufmachen sollte, weil es so stickig sei. Mein Vater war nicht zu Hause, weil er in einer Entziehungskur war. Ich hab das Fenster aufgemacht. Ich war total nervös und wusste überhaupt nicht, was los war. Ich sollte ihr dann einen kalten Lappen holen. Es war komisch, weil ich nicht wusste, was ich machen sollte. Ich wusste ja, dass es ihr schlecht ging. Sie sagte zu mir, dass ich meine Tante anrufen soll. Meine Tante hat gleich einen Krankenwagen angerufen und ist hergekommen. Auf dem Weg ins Krankenhaus ist sie gestorben. Meine Tante war ganz entsetzt über mich, weil ich nicht geweint hab. Die Vorwürfe meiner Tante haben mich aber nicht gejuckt. Ich war nicht traurig, als sie starb. Ich glaube, dass ich das gar nicht begreifen konnte. Zur Beerdigung durfte ich nicht, aber ich weiß nicht, warum. Ich wäre hingegangen, wenn ich gedurft hätte, aber es war mir eigentlich egal.

Irgendwann war ich auch vier Monate in Kur. Mein Vater meinte, dass ich mal zur Kur gehen sollte. Das wär so wie Urlaub. In der Kur hatten wir auch Unterricht. Er sagte dem Arzt, dass ich immer erkältet wäre und immer einen Schnupfen hätte. Das stimmte zwar nicht und doch hab ich dort immer eine Salzlösung zum Einatmen gekriegt. Ich bekam dort auch noch Rotlichtbestrahlung und Wechselbäder. Niemand hat dort gemerkt, dass ich gar nicht chronisch erkältet war.

Ich wäre weiter bei meinem Vater wohnen geblieben, aber irgendwann war er wieder mal völlig besoffen. Da hat er unseren Schuppen angezündet. Ich glaube, er war sauer auf meine Tante. Daraufhin kamen Feuerwehr, Polizei und Krankenwagen. Er lag vorne auf dem Rasen und hat keine Luft mehr gekriegt. Auf der anderen Seite der Straße war ein Gelände, wo auch die Pferde meiner Schwester waren. Sie ist abends noch dort hingefahren und hat kontrolliert, ob die Pferde gefüttert worden sind und hat dabei gesehen, dass bei uns Feuerwehr und alles andere stand. Mein Hausarzt war auch dort. Meine Schwester hat mich dann mit in ihre Wohnung genommen und hat das mit meinem Hausarzt abgeklärt. Irgendjemand hat meinen Vater gefragt, was mit Britta ist. Daraufhin soll er gesagt haben, dass ihm das doch scheißegal sei.

Ich habe dann zwei Wochen bei meiner Schwester gewohnt. Sie hat mit dem Jugendamt telefoniert. Mein Vater kam mit meiner Tante dorthin, um mich rauszuholen. Meine Schwester rief daraufhin bei der Polizei an um zu klären, ob er das überhaupt darf. Sie haben das verneint. Ich hab mich in der Küche unter der Bank verkrochen, weil ich total Schiss vor ihm hatte. Ich wollte nicht mehr zu dem zurück. Ich wollte eigentlich bei meiner Schwester bleiben, aber das ging nicht. Oder ich durfte nicht, wie auch immer. Meine Schwester wohnte bei Freunden und hatte dort nur ein Zimmer. Das Jugendamt hätte das wahrscheinlich gar nicht erlaubt.

Nach zwei Wochen bin ich in eine Übergangspflegestelle gekommen. Ich war dort ungefähr ein halbes Jahr. Ich bin dort zur Schule gegangen und habe die sechste Klasse wiederholt. Wir haben uns dann eine Pflegefamilie und zwei

Heime angeguckt. Mir war es ziemlich egal, von meinen Freunden wegzukommen. Hauptsache weg von meinem Vater.

Ich kam in die Übergangspflegestelle kurz vor meinem elften Geburtstag. Dort waren noch zwei Kinder: Eine Zwölfjährige und eine Sechzehnjährige. Mit der Jüngeren habe ich in einem Zimmer geschlafen. Die Frau hatte noch ein Pflegekind, einen 18-jährigen Jungen. Er war ein Nazi. Und der hatte im Keller ein Zimmer. Die Frau hat Bikinis und Badehosen genäht und die Kollektion an Bodybuilder verkauft. Wir haben immer geholfen, die Gummis in die Hosen rein zu machen. Die Frau muss ziemlich viel Geld gekriegt haben für die Pflegekinder. Ich glaube mehr als meine Pflegeeltern jetzt kriegen. Doch sie hat mir nie vernünftige Klamotten gekauft. Das Essen war in Ordnung. Taschengeld hab ich ganz wenig bekommen.

Es war dort ok, aber es waren halt fremde Leute. Mit den Mädels hab ich mich gut verstanden. Einmal hab ich mich mit der Kleinen gekloppt, weil sie dachte, dass ich beim Monopolyspiel geschummelt hätte. Sonst ging es ganz gut. Der 18-Jährige war auch ganz nett. Ich war auch ab und zu bei dem Jungen unten in seinem Zimmer. Es hat mich nicht interessiert, dass er Nazi war. Über seinem Bett war ein Hakenkreuz und es hing auch ein Bild von Hitler. Er hatte auch irgendwelche Videos, wo Hitler Reden gehalten hat.

Normalerweise hätte ich nach ein paar Wochen wieder von der Übergangspflegestelle wegkommen müssen. Eigentlich gibt es genügend Pflegefamilien, die Kinder aufnehmen wollen. Aber das Jugendamt vermittelt nicht richtig oder was weiß ich. Meine Pflegeeltern haben die Vermittlung über einen Verein gemacht. Dort haben sie erfahren, dass es mich gibt. Zwar ist die Jugendamtstante mit mir durch die Gegend gegurkt, aber letztendlich bin ich durch den Pflegeverein vermittelt worden.

Zuerst haben wir uns bei einer Frau vorgestellt. Ich weiß nicht, ob sie einen Mann hatte. Der war jedenfalls nicht da. Ich hätte dort nur ein ganz kleines Zimmer gekriegt. Mein Meerschweinchen hätt ich auch nicht mitbringen dürfen, geschweige denn meine Katze. Das war ein Grund, dort nicht hinzuziehen. Und da gab es noch dieses nervige Kind. Das war drei, vier Jahre alt. Das wollte mir immer auf den Schoß, obwohl wir uns die Pflegestelle nur angeguckt haben. Mein Zimmer hätte ich auch nicht abschließen können. Die Frau war mir aber sowieso nicht so sympathisch. Das hab ich abgelehnt.

Dann waren wir in einem Heim in Kirchlinteln, total ländlich gelegen. Das war ein altes Bauernhaus mit ein paar Betreuern und ungefähr zehn Kindern. Zwei Kinder haben sich ein Zimmer geteilt. Dort hätte ich meinen Kater auch nicht mitbringen dürfen. Das habe ich nicht verstanden. Dort war es ländlich, da hätte er gut rausgehen können. Und alle anderen Kinder hatten Tiere. Sie haben mir die gezeigt. Ich hab da auch ein Probewochenende geschlafen. Aber das fand ich nicht so toll.

Zu meiner Pflegefamilie bin ich mit meiner Sozialarbeiterin hingegangen. Wir haben uns hier ins Wohnzimmer gesetzt. Dort war auch eine Schale mit Süßigkeiten. Wir haben uns unterhalten. Rolf, mein Pflegevater, hat mir das Haus gezeigt. Er hat mir gleich am ersten Tag erklärt, wie die Waschmaschine und der Trockner funktioniert. Als ich hier zum Probewochenende geschlafen habe, war ich noch ziemlich schüchtern. Ich kannte sie ja nicht. Morgens war ich schon sehr früh wach, aber ich habe mich nicht runter getraut. Ich fand es ganz schön. Ich hab mit Frieder, meinem Pflegebruder, Lego gespielt. Es war für mich sehr schnell klar, dass ich hier bleiben will.

Ich bin mit elf in die Pflegefamilie gekommen. Ich gehöre hier einfach dazu. Mein Bruder ist zwanzig und arbeitet, deshalb muss er nicht so viel im Haushalt mithelfen. Ich hab nicht so viel mit ihm zu tun. Ich weiß nicht, ob das ein Bruderverhältnis ist. Ich hatte noch nie einen Bruder.

Es ist ok, ich fühl mich hier wohl, hab viele Freunde. Mir fehlt gar nichts. Gut, es gibt Komplikationen wie bei jeder Familie. Beispielsweise wenn ich den Müll nicht rausbringe oder mein Zimmer wieder unordentlich aussieht. Der ganz normale Stress. Ich habe auch viele Freiheiten, darüber könnte ich mich nicht beklagen.

Ich weiß nicht, was ich für Gefühle zu meinen Pflegeeltern habe. Zu meinem leiblichen Vater hab ich auch kein Vatergefühl. Ich besuch den zwar immer. Ich weiß zwar, dass das mein Vater ist, aber Vatergefühl hab ich trotzdem nicht. Und zu meiner Mutter schon gar nicht. Und zu meinem Stiefvater hatte ich das auch nicht. Ich rede meine Pflegeeltern mit Vornamen an. Ich kann das Gefühl zu meinen Pflegeeltern überhaupt nicht definieren. Freunde sind anders. Mit denen albert man rum, baut Scheiße. Von daher sinds auch keine Freunde. Vielleicht sinds Freunde, aber nicht so wie richtige Freunde. Kumpel geht auch irgendwie nicht. Bekannte ist auch irgendwie bescheuert. Bekannte trifft man nur ab und zu mal. Verwandte trifft auch nicht.

Wir machen nicht viel zusammen. Mit meiner Mutter fahr ich ziemlich oft Inliner. Sie ist sportlich. Bisher sind wir immer noch zusammen in Urlaub gefahren. Aber nächstes Jahr fahr ich nicht mehr mit. Es ist langweilig. Wenn wir am Strand liegen, wird nichts geredet. Ich weiß nicht, wie es in anderen Familien ist. Aber nie ist da irgendwelches Gesprächsthema. Wir waren jetzt zum dritten Mal in Kenia. Und Safari haben wir schon das Jahr davor gemacht. Das erste Mal nach Kenia sind wir zu sechst gefahren. Mein Pflegevater, meine Pflegemutter, mein Pflegebruder, die Tochter meiner Pflegemutter und ihr Freund. Im Reisebüro fragten sie erstaunt, ob wir denn mit sechs verschiedene Namen alle zusammengehören. Die Reise war total witzig. Das war echt stark. Meine Pflegeschwester ist auch schon dreißig. Aber mit denen ist es einfach witzig. Nächstes Jahr fahr ich mit ein paar Freunden mit dem Roten Kreuz nach Schweden. Wir fahren mit einigen Kanus durch die Gegend und zelten. Ich hab es meinen Eltern schon gesagt, dass ich nicht mehr mit ihnen in Urlaub fahren will. Jetzt fahren sie halt alleine.

Zu meiner leiblichen Mutter hab ich gar kein Verhältnis. Eine Zeit lang hatte meine Schwester wieder Kontakt zu ihr. Sie ist irgendwann zu meiner Schwester gezogen. Zu der Zeit war mein Stiefvater schon im Krankenhaus. Und meine Mutter hatte einen Freund. Sie waren auch am Saufen. Dann hatte sie die Schnauze voll von dem. Und deshalb ist sie zu meiner Schwester gezogen. Ich habe sie mal mit meiner Schwester im Weserpark getroffen. Da wusste ich nicht, wie ich mich verhalten soll. Ich hab mich ziemlich von ihr fern gehalten. Dazwischen hab ich sie sechs Jahre nicht gesehen. Als ich das erste Mal dort hingefahren bin, haben wir Lagerfeuer gemacht und gegrillt. Aber ich bin nicht zu meiner Mutter hingegangen. Ich war immer weit weg. Meine Schwester fragte mich, warum ich nicht mit ihr rede. Sie nennt sie Mama und ich nenne sie Käthe. Ich konnte darauf keine Antwort geben. Irgendwann aber ging es ganz gut. Ich habe mich mit der unterhalten und hab mit ihr gefrühstückt, wenn ich dort geschlafen hab. Das war total geil. Sie hatte nicht getrunken und hatte zwei Jobs. Irgendwann hatte sie dann in einem Dorf weiter ihre eigene

Wohnung. Sie hatte dann auch einen Hund. Und dann ist mein Stiefvater gestorben, der davor im Pflegeheim war. Sie war deswegen so fertig, so dass sie bei ihrem Freund anrief. Ich weiß nicht, ob sie davor mit ihm Schluss gemacht hat. Sie bat ihn, zu ihr zu kommen. Seitdem war sie nur noch in der Bude am Saufen. Sie ist nur rausgegangen, um neuen Alkohol zu kaufen. Sie ist natürlich auch nicht mehr zur Arbeit gegangen. Und so weiter. Dann ist sie wieder abgehauen nach Huchting. Meine Schwester sagte dann auch, dass sie jetzt endgültig nichts mehr mit ihr zu tun haben will. Ich hab auch kein Bedürfnis mehr.

Auch als es kurze Zeit geil mit ihr war, war sie für mich eine Freundin oder eine Tante oder so irgendwas. Aber nicht meine Mutter. Das Gefühl war und ist einfach nicht da. Jetzt interessiert sie mich nicht mehr. Ich hab es schon schön gefunden, als sie bei meiner Schwester oder im Dorf nebenan gewohnt hat. Doch ich bin auch nicht sauer, dass sie jetzt wieder säuft und in Huchting lebt. Es ist mir einfach egal.

Wenn sie sich totsäuft, dann glaube ich, ist mir das auch egal. Ich hab ja keine besondere Beziehung zu der. Ich hab keinen Kontakt zu ihr. Es ist so, als wenn sie gar nicht existiert.

Mit meinem Vater verstehe ich mich ganz gut. Mit dem telefonier ich und ab und zu fahr ich auch zu ihm hin. Wenn ich Lust habe, ruf ich an und sag ihm, dass ich vorbeikomme. Er wohnt jetzt in einer Wohngemeinschaft. Meine Freundin bot mir einen Nymphensittich mit Käfig an. Meine Pflegeeltern haben das nicht erlaubt. Das war für mich ok. Ich habe dann meinen Vater gefragt und hab ihm den Vogel gebracht. Da war er ganz glücklich drüber.

Über die Zeit, die ich mit ihm verbracht habe, reden wir nicht. Manchmal frag ich ihn was, aber selten. An das meiste kann ich mich ja noch erinnern. Und so ereignisreich war die Zeit auch nicht. Das Einzige, was mich interessiert hat, war, wie ich als kleines Baby war. Darüber haben wir uns auch unterhalten.

Manchmal ärgere ich ihn, wenn ich ihn frage, ob er heute schon was getrunken hat. Aber er meint, dass er in letzter Zeit überhaupt nichts mehr trinkt. Ich weiß nicht, ob ich ihm das glauben soll. Es kann schon stimmen. Immer wenn ich bei ihm bin und in den Kühlschrank gucke, ist da kein Alkohol. Und in seinem Zimmer stehen keine leeren Flaschen.

Ich kann zu meinem Vater fahren, wann ich will. Das ist mir völlig von den Pflegeeltern freigestellt. Ich rufe an, wenn ich Bock hab. Manchmal ruft er auch an, wenn ich mich längere Zeit nicht bei ihm gemeldet hab. Bei mir war er noch nie. Ich weiß nicht, ob meine Pflegeeltern das erlauben würden. Aber es ist mir auch nicht wichtig.

Eigentlich müsste das Jugendamt mal kontrollieren, ob ich vernünftig wohne. Ob ich vernünftige Klamotten hab. Ob meine Eltern sich um mich kümmern. Es kann ja mal passieren, dass man danebengreift. Gut, wenn es einem gut geht, ist einem das egal, ob das Jugendamt guckt oder nicht. Aber wenn das Verhältnis in der Pflegefamilie schlecht ist, dann denkt das Kind sicherlich, warum hilft mir denn keiner? Also mir gehts ja gut, aber vielen anderen Pflegekindern gehts bestimmt nicht so toll. Das gibt's bestimmt auch, dass sie von ihren Pflegeeltern verprügelt werden. Es gibt auch Pflegeeltern, die nur wegen des Geldes Kinder zu sich nehmen. Das ist schon ordentlich Geld, was man dafür kriegt. Es kann ja sein, dass sie dieses Geld für sich beanspruchen, statt für die Kinder. Das Jugendamt soll vorbeikommen, ohne mit den Eltern einen Termin abgesprochen zu haben, weil sonst das Haus schnell aufgeräumt werden könnte. Und nur deshalb die Kinder ordentlich angezogen werden.

Also ich halte von Sozialarbeitern ziemlich wenig. Jedenfalls die, die ich hatte, fand ich total bescheuert. Sie war total ätzend. Die Sozialarbeiterin in Bremen erzählte mir vor fünf Jahren, dass sie mich zum Eis einladen würde. Das hat sie nie gemacht. Irgendwann war ich mit meiner Mutter in der Stadt. Wir haben die Sozialarbeiterin auf dem Weihnachtsmarkt gesehen. Meine Mutter wollte unbedingt zu ihr hin. Ich hab mich so dagegen gesträubt. Dann musste ich halt Hallo sagen zu der ätzenden Tussie.

Ich bin jetzt fast 17. Wenn man ab und zu mit Freunden was trinkt, finde ich das ganz witzig und es macht Spaß. Meine Pflegeeltern meinen, das liegt an den Genen und dass ich deshalb alkoholgefährdet bin. Ich finde aber, dass es normal ist, wenn man mit Freunden mal was trinkt. Ich denke, dass ich das gut einschätzen kann, weil meine Eltern gesoffen haben und ich deshalb weiß, was passieren kann. Am Anfang, als ich hierher kam, hab ich gesagt, dass ich nie Alkohol trinken werde. Aber inzwischen ist das für mich kein Problem mehr. Es kann sein, dass es daran liegt, dass ich mich hier so klar und stabil fühle.

128

Ich bin eigentlich relativ selten traurig. Wenn irgendwas ist, bin ich meistens sauer. Dann hör ich laut Musik. Oder fetz wie eine Bekloppte mit den Inlinern rum. Ich weiß gar nicht, warum man traurig sein sollte. Wenn irgendjemand stirbt vielleicht. Manchmal bin ich auch enttäuscht, wenn ich eine schlechte Note hab. Wenn's mir nicht gut geht, wein' ich nicht, sondern reagier' mich ab.

Ich werde Abitur machen und werde die nächsten drei Jahre bis zum Schulende bei meinen Pflegeeltern bleiben. Später will ich mir eine Wohnung geil einrichten. Ganz modern bunt. Am liebsten auf dem Land mit Pferden. Auch ein Bauernhaus kann man sich modern einrichten. Ich möchte einen guten Job und vielleicht nebenher Pferde züchten. Innenarchitektin würde mich reizen. Ich hab ein gutes Verhältnis zu Farben. Mein Zimmer ist total bunt: gelbe Wände, blau-grün-rotes Bett, ein blaues und grünes Regal. Und dann will ich mir noch einen lila Teppich hineinpacken. Ich hasse dunkle Zimmer. Dieses Wohnzimmer finde ich so dermaßen schrecklich. Am liebsten würde ich alles herausreißen und hell einrichten.

Dennis, 10 Jahre

Der Vater ist nicht mehr bei der Frau

Ich bin zehn und gehe in die vierte Klasse. Mathe habe ich am liebsten, weil man da so schön rechnen muss. Ich hab immer gern gerechnet. Malnehmen und Teilen gefällt mir am besten. Schreiben mag ich auch gerne. Diktat macht mir Spaß. Na ja, ein paar Fehler mach ich schon. Ein bisschen Probleme habe ich schon in der Schule. Schreiben fällt mir am schwersten. Manchmal müssen wir Wörter schreiben, die wir in die Gegenwart verwandeln müssen. Das ist schwer. Und manchmal müssen wir die Wörter in die Vergangenheit umwandeln. Ich singe auch ganz gern. Lieblingslieder hab ich nicht, doch eins fällt mir ein: Theo spann den Wagen an. Das Lied ist kurz und schön, deshalb gefällt mir das.

Ich finde, dass Mädchen doof sind. Jedenfalls in der Schule meckern Mädchen immer. Richtige Meckerziegen sind das. Mädchen meckern immer. Die meckern in den Pausen und sagen, dass wir immer im Weg sind. Wir gucken ihnen manchmal nur kurz zu und das stört sie schon.

Meine Hobbys sind Schwimmen und Fußball, mehr nicht. Ich spiele Fußball beim VFL Stenum. Ich spiele da Stürmer, weil ich da am besten bin. In dieser Saison habe ich ein Tor geschossen. Das war ein gutes Gefühl. Ich spiele am liebsten Fußball, weil man sich da immer bewegen muss. Ich finde es auch gut, mit anderen zusammenzuspielen. Mein Lieblingsverein ist Werder Bremen. Einmal habe ich mir das Training von Werder angeguckt. Cardoso ist mein Lieblingsspieler. Es ärgert mich nicht, dass er im Moment nicht so oft aufgestellt wird.

Ich kenne fast alle Märchen: Dornröschen, Schneewittchen, Hänsel und Gretel, Der Häuptling mit den zwei goldenen Haaren und Der Froschkönig. Wir haben Märchenschallplatten und ein großes Märchenbuch. Das steht dort oben. Ich lese manchmal auch selber. Aber nur abends im Bett. Ich lese nicht heimlich mit der Taschenlampe.

Von den Märchen mag ich Pinocchio am liebsten. Pinocchio war manchmal auch lustig. Mir gefällt auch, dass er so schön geschnitzt ist. Bei Pinocchio gibt es eine Katze und einen Fisch. Der Fisch ist ein Goldfisch. Und schwarz-weiße Katzen mag ich auch gerne. Der Fisch schwimmt rum und die Katze guckt immer zu, wie der Mann Pinocchio schnitzt. Ein Mann hat Pinocchio ge-schnitzt, weil er einen Jungen haben wollte. Er wollte einen Sohn haben. Deshalb hat er sich eine Holzpuppe geschnitzt. Eines Nachts kam eine Fee und hat Pinocchio zum Leben erweckt. Dann hatte der Mann einen Sohn aus Holz. Pinocchio hat nur manchmal Quatsch gemacht. Da waren einmal zwei Männer, die wollten Pinocchio Geld wegnehmen. Sie haben zu ihm gesagt, dass er Geld einbuddeln solle, dann würde ein Geldbaum daraus wachsen. Das stimmte aber nicht. Die zwei Männer haben das Geld später wieder ausgebuddelt und mitgenommen. Pinocchio hat das gemacht, weil er mehr Geld haben wollte. Eines Tages am Fluss hat die Fee Pinocchio zum richtigen Jungen gemacht. Und dann war er ein Mensch. Dann war er ein richtiger Sohn von dem Mann, der ihn geschnitzt hat. Ich fand so toll, wie die Fee ihn immer verwandelt hat. Manchmal war Pinocchio auch traurig, vor allem, als er seinen Vater verloren hatte. Pinocchio ging in einen Wald hinein und hat sich verirrt. Und dann hat er nicht mehr nach Hause gefunden. Er hat den Weg gesucht und irgendwann wieder gefunden. Der Vater hatte keine Frau. Pinocchio konnte auch als Holzpuppe sprechen und zur Schule gehen. Jedoch erst am Schluss sah er aus wie ein richtiger Mensch.

Meine Eltern sagen immer, dass ich ein Tüftler bin. Ich will einfach wissen, was ist. Auf dem Kramermarkt in Oldenburg haben sich meine Eltern gewundert, dass ich unter das Karussell geguckt hab. Ich wollte wissen, wie es funktioniert. Ich bau auch Radios oder die kleine Orgel auseinander. Leider geht die Orgel nicht mehr, weil ich ein paar Kleber abgemacht hab. Irgendwann bau ich es wieder auseinander und mach die Kleber wieder ran.

Ich hab hier fünf Geschwister. Drei Schwestern und zwei Brüder. Die älteste ist Tanja, sie ist 27. Die zweitälteste ist Jessica, sie ist 15. Und die dritte Schwester ist Kerstin, und sie ist acht. Mein Bruder Daniel ist zwölf. Und mein kleinster Bruder Sascha ist sechs. Wenn Tanja nicht da ist, bin ich in der Mitte. Tanja wohnt über uns. Meine Lieblingsschwester ist Tanja und mein Lieblingsbruder ist Daniel. Daniel spielt am meisten mit mir und Tanja schenkt mir oft was und fährt mit mir überall hin. Sie fährt mit mir nach Zimmermann und nach der Stadt. Nach Delmenhorst. Zimmermann ist ein Geschäft für Sonderposten. Das ist ganz billig. Da darf ich mir manchmal etwas aussuchen. Ich bin froh, dass ich so viele Geschwister hab.

Ich bin manchmal aber auch gerne alleine. Manchmal spiele ich gerne alleine mit dem großen Kran und spiele mit den Autos und den Motorrädern. Alle Autos sind ferngesteuert. Die fahren manchmal in meinem Zimmer rum, manchmal auch draußen. Hausaufgaben mach ich alleine. Ich hab auch Orgel gespielt, wo die Orgel noch heile war. Oder gucke Fernsehen, wo der Fernseher noch heile war. Im Fernseher ist jetzt die Lampe kaputt, die das Bild macht. Der Freund von Tanja kann das wieder heile machen. Der ist so was wie Elektriker. Der baut auch sein Motorrad um und kann Fernseher heile machen und Radios und noch viel mehr. Ich möchte mal so werden wie Frank. Der wird auch mal Chef. Und dann werde ich mal bei Frank arbeiten. Franks Papa ist jetzt noch der Chef. Ich denk mir so, dass da Radios und Fernseher heile gemacht werden.

Ich möchte Elektriker werden. Das weiß ich schon zehn Jahre lang. Aber manchmal wollte ich auch schon Ingenieur werden. Ich wollte deshalb schon lange Elektriker werden, weil ich gerne mit Strom rummache. Wenn ich was mit Strom auseinander baue, dann tut sich da immer etwas so schön bewegen. In der Orgel war etwas drin, das sich so schön bewegte. Manchmal erklärt mir Frank was. Er wohnt oben mit Tanja zusammen. Ich möchte so werden wie er.

Den Mathelehrer Herr Schoppe finde ich gut. Kein Lehrer ist bei uns streng. Herr Schoppe ist der Strengste. Das gefällt mir. Wenn wir mal Hausaufgaben vergessen haben, sagt er gleich, dass wir die nachmachen müssen. Manchmal schimpft er auch. Aber der ist nett.

Ich habe meine Eltern sofort kennen gelernt. Sie haben mich gleich vom Krankenhaus abgeholt. Ich bin adoptiert. Bevor wir hier gewohnt haben, haben wir vier Jahre in Delmenhorst gewohnt. Meine leiblichen Eltern habe ich noch nicht gesehen. Ich wollte die auch manchmal sehen. Ich würde gerne mal sehen, wie die aussehen. Der Vater ist nicht mehr bei der Frau. Der ist irgendwo anders. Sie wohnt in Bremen oder irgendwo. Der Wunsch, sie zu sehen, ist eigentlich immer da. Mit meinen Geschwistern red ich da nicht drüber. Traurig werde ich aber darüber nicht.

Am besten gefällt mir hier das Bett. Ich schlafe gerne. Doch ich bin kein Langschläfer. Ich stehe so um acht Uhr auf. Heute bin ich aber erst um neun aufgestanden, weil ich mich mal ausschlafen wollte. Mama weckt mich immer. Sie weckt mich immer um sieben, wenn ich Schule habe. Mama hat einen Wecker. Wenn Mama mich weckt, schlafe ich einfach weiter. Dann jagt mich Mama aus dem Bett. Sie sagt dann: Wenn du jetzt nicht aufstehst, kommst du zu spät. Dann hüpfe ich aus dem Bett. Zu spät kommen will ich nicht. Abends will ich nicht ins Bett und morgens will ich nicht aus dem Bett raus.

Das letzte Buch, was ich gelesen hab, war „Der kleine Dino". Da hatte eine große Dinomutter einige Eier gelegt. Anschließend ist sie nur kurz zum Fressen gegangen. Dann kam ein anderer Dinosaurier, der gerne Eier frisst. Da fraß er die Eier, doch die Dinomutter konnte ein Ei retten. Dann ist sie noch einmal zum Fressen gegangen, und als sie zurückkam, lagen zwei Eier dort. Eines davon war ein glitzerndes Ei. Die ganze Dinosippe passte auf die Eier auf. Aus dem kleinen Ei kam ein Dino raus. Und aus dem glitzernden Ei kam zur Enttäuschung aller nur ein ganz normaler Dino. Doch als der kleine Dino plötzlich seinen Kamm aufstellte, glitzerte der. Jeder andere Dino wollte den kleinen Dino mal berühren, weil der Kamm so schön war. Dann wurden die beiden Dinos größer. Den Weg zum Trinken mussten sie immer mit der Mutter gehen. Der Weg zum Fluss war gefährlich, weil dort ein Tyrannosaurus Rex war. Der fraß Dinos auf. Nachdem sie trinken gegangen waren, kamen sie wieder zurück. Ein bisschen später haben die beiden kleinen Dinos gesagt, dass sie nur mal kurz was fressen gehen möchten. Dann sind sie durch den Wald gegangen und dort kam der Tyrannosaurus Rex. Aber die beiden waren flink und irgendwann hat der Tyrannosaurus Rex die Suche aufgegeben und ist zurückgegangen. Die beiden kleinen Dinos waren müde und haben am Baumstamm geschlafen. Die Mutter hat sich Sorgen gemacht. Der große Dino Langhals hat den beiden kleinen Dinos dann noch Gute Nacht gesagt. Irgendwann sind sie wieder aufgewacht und haben bemerkt, dass der Baumstamm eigentlich der Fuß von dem großen Dinosaurier Langhals war. Sie haben sich um den Fuß gelegt.

Langhals hat nicht geschlafen und hat die beiden beschützt. Die beiden kleinen Dinos sind weiter gelaufen und plötzlich gab es ein Erdbeben. Deshalb sind sie runtergefallen und auf dem Rücken eines großen Dino gelandet. Ein Erdbeben hat es gegeben, weil ein großer Dinosaurier wach geworden ist. Dadurch hat der Fels gewackelt. Der große Dinosaurier war erstaunt über die beiden Kleinen. Er hat ihnen gesagt, dass in der Höhle ein Dinosaurier lebt, der Tageslicht fürchtet. Und dort in der Höhle lebte früher die Dinosippe der Mutter. Und dann wollten sie den Dino in der Höhle verscheuchen und fragten den großen Dino, ob er wüsste, wo die Höhle ist. Da hat er geantwortet: Ich weiß das nicht, aber mein Freund weiß es. Und mein Freund kann fliegen. Und die Flugdinosaurier konnten eine Spannweite von neun Meter haben. Das Zimmer hier hat nur fünf Meter Breite. Dann hat er noch gesagt, dass in der Höhle noch Quellwasser ist. Sie haben dann seinen Freund besucht. Der ist dann mit ihnen und kräftigem Flügelschlagen zum Himmel hochgeflogen. Dann sind sie angekommen und der gefährliche Dinosaurier hat grade geschlafen. Und dann wollten der kleine Dino und Maja in die Höhle rein. Als sie ein bisschen in der Höhle drin waren, ist der Dinosaurier aufgewacht und hat Maja den Rückweg versperrt. Dem kleinen Dino ist eingefallen, dass der gefährliche Dino in der Höhle Tageslicht fürchtet. Dann hat er seinen glitzernden Kamm so hingetan, dass die Sonne in die Höhle reinschien. Er hat die Sonne gegen den glitzernden Kamm leuchten lassen und dann genauso wirken lassen, als ob es ein Spiegel wäre. Dann hat das Licht den Dinosaurier geblendet. Der hat sich die Augen zugehalten und hat sich dabei fortbewegt. Plötzlich war ein großer Abgrund vor ihm und dort ist er dann runtergestürzt. Der gefährliche Dinosaurier war tot. Das war gut. Anschließend sind Maja und der kleine Dino in die Höhle gegangen und haben einen kräftigen Schluck von dem Quellwasser getrunken. Und dann haben sie dort geschlafen. Jemand hat der Mutter Bescheid gesagt, wo die beiden Dinos sind. Anschließend ist die ganze Sippe wieder dorthin zurückgekommen, wo sie früher einmal verjagt worden sind. Und nun leben sie wieder dort, wo sie herkamen.

Ich war am glücklichsten, als wir zum ersten Mal zum Heidepark nach Soltau gefahren sind. Da wollte ich so gerne hin und dann sind wir dort auch hingefahren. Aber einmal war ich auch noch glücklich, als wir in Holland waren. Dort haben wir Urlaub gemacht. Wir waren in einer Art Holzhütte mit sechs, sieben Mann drin. Die war etwa so groß wie mein Zimmer hier. Und dort war so ein Markt wie der Kramermarkt in Oldenburg. Wir konnten jeden Tag kostenlos mit den Karussells fahren. Da war ich drei Tage glücklich. Ich war fast immer in der Krake. Das ist ein wildes Karussell. Und ich war auch glücklich, als wir in Bayern im Parkhotel waren. Dort hatten wir so schöne große Zimmer. Und unten konnten wir Videospiele spielen. Da konnte man Autorennen spielen. Und dann war dort auch eine Disco, wo man tanzen konnte. Ich tanze gerne. Es gab eine Kinderdisco und eine Disco für Erwachsene. Aber bei der Disco für die Erwachsenen war ich auch schon drin. Und dort haben wir Cola getrunken. Cola ist so schön süß und die Kohlensäure schmeckt so lecker. Die Erwachsenendisco war aber besser, weil es mehr Lieder zum Rappen gab. Ich tanze gerne ganz schnell.

Zu Hause bin ich am glücklichsten, wenn ich mit Papa Sachen baue. Wenn wir zusammen Fahrräder heile machen. Oder wenn ich mit Mama Spiele spiele. Mein Lieblingsspiel ist Monopoly. Manchmal spiele ich auch allein Monopoly. Dann stell ich mir drei Figuren hin.

Traurig bin ich manchmal, wenn wir nicht da hinfahren, wo ich gerne hin möchte. Ich wünsche mir, dass wir in den Vogelpark nach Walsrode fahren. Und einen großen Fernseher wünsche ich mir jetzt schon. Dann kann ich solange gucken, wie ich will. Und dann kann ich sogar vom Bett aus gucken. Das erlauben mir meine Eltern ganz bestimmt.

Penelope, 18 Jahre

Die eigene Mutter liebt man einfach

Meine Mutter ist drei Tage vor meinem 14. Geburtstag gestorben. Ich habe die ganze Zeit mit ihr gelebt. Meinen Vater habe ich zufällig mit vier Jahren kennen gelernt. Doch wir hatten nicht viel Kontakt miteinander.

Meine Schwester ging mit elf Jahren freiwillig ins Heim. Irgendwann ist sie wieder zu meiner Mutter zurückgekommen. Doch sie haben sich überhaupt nicht verstanden. Mit 15 oder 16 Jahren ist sie dann endgültig ausgezogen. Das war eine sehr kritische Zeit. Da bin ich immer wieder weggelaufen. Ich bin vor der Situation geflüchtet, weil ich damit gar nicht umgehen konnte. Ich bin mit meiner Mutter auch nicht klargekommen. Zwei Jahre bevor sie starb, wusste sie schon, dass sie Knochenmarkkrebs hatte. Und sie hat nie etwas dagegen getan. Sie ist zu spät zum Arzt gegangen. Sie hat sich nur damit auseinander gesetzt, dass sie wohl sterben wird. Sie hat dabei ihre ganze Verantwortung für meine Schwester und mich über den Haufen geworfen. Im letzten halben Jahr hab ich das erfahren, weil es einfach nicht mehr zu übersehen war. Dann hat sie noch Chemotherapie gemacht und Pillen geschluckt. Dadurch fielen ihr natürlich die Haare aus. Und so habe ich das dann mitgekriegt.

An die Kindheit kann ich mich kaum noch erinnern. Ich weiß nur, dass wir von Anfang an vieles machen durften. Sie hat nie hinterhergeguckt, was ich in der Schule mache. Trotzdem waren wir beide Wunschkinder. Sie wollte uns haben, aber konnte die Verantwortung wohl doch nicht übernehmen. Sie hatte einfach mit sich ganz viel zu tun.

Das Umfeld stimmte auch nicht. Wir haben in einer kleinen Wohnung gewohnt. Und hatten dazu noch viele Katzen. Das Geld war halt zu knapp.

Weil das Umfeld nicht stimmte, war immer Spannung da. Man hat nie das bekommen, was man wirklich wollte. Wir haben uns eigentlich nur gestritten. Ganz, ganz selten konnten wir aufeinander zugehen und was Schönes zusammen machen. Doch es war nie wirklich schön bei uns.

Ich hab mich auch nie wirklich wohl gefühlt. Dadurch, dass ich mitbekommen hab, dass es bei anderen ganz anders lief, hab ich mich auch schon immer minderwertig gefühlt. Da dachte ich dann: Irgendetwas stimmt bei uns nicht. Ich habe mich aber zu der Zeit noch gar nicht richtig damit auseinander gesetzt, weil ich kopfmäßig einfach nicht so weit war. Den psychologischen Hintergrund konnte ich damals nicht verstehen.

Meine Mutter war Sozialhilfeempfängerin. Als ich ganz klein war, da hat sie irgendwas gemacht. Aber auch nichts festes, irgendwas jobmäßiges. Sie hatte immer viel Spaß beim Dekorieren der Schaufenster im Geschäft ihres Vaters. Das kam auch immer gut an. Sie war allgemein sehr kreativ. Sie hatte einfach nicht die Möglichkeit, ihre Ideen umzusetzen. Sie hatte keine Unterstützung und war auch finanziell nicht in der Lage, etwas auszuprobieren.

Weil wir immer tun und lassen konnten, was wir wollten, kamen wir auch nicht auf die Idee, ihr zu helfen. Wir waren einfach auf uns gestellt. Mit ihrer Haltung ist sie eigentlich in ein Fettnäpfchen getreten, weil sie nicht nur zum Schluss - dort aber besonders - unsere Hilfe gut hätte gebrauchen können. Manchmal wollte sie schon was von uns. Sie hat zum Beispiel die Wohnung fotografiert und hat uns dann die Fotos gezeigt und wollte, dass wir die Bilder angucken: Schau mal, wie du lebst und willst du nicht anders leben? Dafür musst du aber was tun! Wir hatten damals aber nicht die Energie, uns aufzuraffen und uns ein schönes Umfeld zu machen.

Ich weiß nicht mehr, ob sie mir früher Geschichten vorgelesen hat. Jutta, meine Pflegemutter, meinte vor kurzem zu mir, dass bei kleinen Kindern schon festgelegt wird, wie man sich später ausdrücken kann. Ich kann mich - wenn ich nicht nervös bin - ganz gut ausdrücken. Ich kann auch gut argumentieren und diskutieren. Deshalb denke ich, muss sie schon etwas mit mir gemacht haben.

Ich kann mich nur an wenig erinnern. Aber daran, dass wir mal in einem Kellerzimmer mit zwei Herdplatten und Dusche und Klo zu viert gewohnt haben. Meine Mutter, meine Schwester, der Freund meiner Mutter - halb Inder, halb Engländer, Alkoholiker mehr oder weniger - und ich. Wenn man auf so einem kleinen Raum zusammenlebt, dann hat man halt alles voneinander mitgekriegt.

Da sind aber auch viele lustige Sachen passiert. Wir hatten dort viele Ameisen. Meine Mutter riss den Teppich hoch und hat sie alle weggesaugt. Und meine Schwester und ich lagen kugelnd in der Ecke und haben uns kaputt gelacht. Sie konnte auch Scherze mit uns machen. Das sind Sachen, an die ich mich jedoch schlecht erinnere. Vielleicht verdränge ich das auch, weil ich im Grunde ein schlechtes Bild von ihr habe. Meine Mutter war keine Alkoholikerin. Sie hat ab und zu einen Joint geraucht. Doch sie hatte mit Leuten zu tun, die mit härteren Drogen zu tun hatten. Da habe ich schon einiges mitgekriegt. Eine Freundin von ihr lebte auf der Straße und meine Mutter sagte zu ihr, dass sie eine Weile bei uns wohnen kann. Dann ist es passiert, dass ich morgens aufs Klo ging und sie sich schon in die Leistengegend gespritzt hat. Weil es woanders schon nicht mehr ging.

Ich denke, für mich ist das auch gut, dass ich das schon so früh mitgekriegt hab. Dadurch hab ich einfach Respekt vor Drogen gekriegt und weiß ganz genau, was man nicht will. Wenn man im Viertel hier aufwächst, sieht man das ja täglich. Das sehe ich gar nicht so negativ an, obwohl es bestimmt hart ist.

Meine Schwester und ich haben uns damals auch nicht verstanden. Das kommt wirklich durch das Umfeld, weil ich jetzt mit meiner Schwester sehr gut klarkomme. Ich dachte immer, dass meine Mutter meine Schwester mehr liebt. Ich hatte einen Komplex, weil die beiden auch immer zusammen geredet haben. Meine Schwester erzählt jetzt allerdings darüber, dass sie sich eher als Mülleimer vorkam. Ich hab aber nur gesehen, die verstehen sich gut und ich bin der Außenseiter und bin an allem schuld. Wenn man klein ist, denkt man einfach auch noch ein bisschen stumpfer und primitiver.

Als meine Schwester ins Heim gegangen ist, habe ich sie teilweise darum beneidet. Ich habe Heim als was Schönes, Ausgeglichenes, als was viel Schöneres empfunden als bei mir zu Hause. Doch ich hab mich nie richtig von meiner Mutter gelöst. Ich bin oft zum Jugendamt gegangen und hab gesagt, dass ich raus will. Mit zehn bin ich zum ersten Mal alleine zum Jugendamt gegangen. Wir konnten halt machen und lassen, was wir wollten und deshalb mussten wir auch selbständig werden. Sicher, in manchen Streitereien kam es auch vor, dass sie sagte: Geh doch ins Heim. Aber das war aus einer Situation heraus. Im Streit sagt man vieles, was man nicht so meint. Sie hat auch dafür gekämpft, dass meine Schwester wieder nach Hause kommt. Sie hat es dann ja auch letztendlich geschafft. Es ist ihr allerdings umso schwerer gemacht worden, weil ihre Schwester und der Vater meiner Schwester - sie hat einen anderen Vater als ich - zu Katja gesagt haben, du hast es doch gut im Heim, bleib da doch. Es war schon hart für sie, dagegen anzukämpfen.

Ich kann mich erinnern, dass ich mit meiner Schwester oft Briefkontakt hatte. Ich hab mich auch tierisch gefreut, als sie wieder nach Hause gekommen ist, obwohl wir uns eigentlich gar nicht verstanden haben. Wahrscheinlich kam ich mir auch ein bisschen alleine vor. Obwohl ich mich an die Zeit kaum erinnere. Ich kann mich nur erinnern, wenn wir zu Katja gefahren sind. Aber ich weiß nicht, was ich zu der Zeit gemacht hab. Vielleicht war es für mich in der Zeit auch gar nicht so wichtig.

Beim Jugendamt habe ich geheult wie ein Schlosshund und habe gedacht, jetzt ist alles vorbei. Das Jugendamt hat mir Angebote gemacht und mir deutlich gemacht, dass sie mir helfen würden, wenn ich von zu Hause weg will. Letztendlich hab ich es aber nie gepackt. Vielleicht habe ich es auch aus der Angst heraus nicht gemacht, dass ich die Freiheiten, die ich bei meiner Mutter hatte, irgendwo anders verlieren könnte. Das war ja nicht normal, was ich in meinem Alter durfte. Ich kann mich erinnern, dass ich mit acht schon bis elf Uhr abends draußen sein konnte. Mit zwölf bin ich zum ersten Mal in die Diskothek gerannt.

Ich weiß auch nicht unbedingt, ob das negativ für mich ist, doch ich wollte diese Freiheit nicht verlieren. Ich konnte es damals auch nicht für mich beurteilen, ob es besser für mich ist, eingeschränkter zu sein, oder schlechter. Wenn ich von meiner Mutter getrennt gewesen wäre, das wäre wahrscheinlich ganz gut für mich gewesen. Ich hätte ja trotzdem mit ihr weiterhin Kontakt haben können. Den Kontakt hätte sie nicht abgelehnt. Sie wollte ja nicht, dass meine Schwester ins Heim geht. Meine Schwester war elf Jahre alt und hat gesagt: Ich will nicht mehr zu Hause wohnen. Und meine Mutter hat das akzeptiert. Sie war eineinhalb Jahre im Heim, dann kam sie wieder nach Hause. Und dann ging es wieder von vorne los. Letztendlich hat sich nichts verändert. Katja ist ungefähr ein halbes Jahr bevor meine Mutter starb wieder von zu Hause ausgezogen.

Ich hab nicht wahrgenommen, dass sie stirbt. Ich habe zwar gesehen, dass sie krank ist, aber ich wollte mich auch gar nicht damit auseinander setzen. Ich war von morgens bis abends weg. Ich habe mein Ding weiter durchgezogen, wie ich es bisher auch gemacht hatte. Ich war mit einer Sache konfrontiert, mit der ich in meinem Alter noch gar nicht umgehen konnte. Und auch nicht mit der Erziehung, die ich hatte. Hätte sie uns erzogen, dass wir uns kümmern und wir liebe kleine Mädchen geworden wären, dann hätte ich mich auch hingestellt und hätte gekocht für uns. Aber so waren wir einfach nicht. Und deshalb bin ich auch teilweise von zu Hause geflüchtet. Es war schon schrecklich mitanzusehen, wie meine Mutter litt. Sechs Tage, bevor sie gestorben ist, lag sie im Bett und ihre beste Freundin ist vorbeigekommen. Sie hat gesehen, dass ihre Haut ganz gelb geworden war. Und dass sie kaum noch aufstehen konnte. Und dass ihr Bauch total angeschwollen war. Dann hat sie beim Arzt angerufen, der gesagt hat, dass sie sofort ins Krankenhaus muss. Die Tabletten, die sie schlucken musste, haben ihre Leber kaputt gemacht. Dadurch ist ihre Haut so gelb geworden. Und im Bauch hatte sich Wasser gesammelt, was man manchmal absaugen kann. Manchmal aber auch nicht. Bei ihr gings halt nicht. Und das Wasser hat auf ihre Lungen gedrückt. Selbst als sie im Krankenhaus lag, hab ich nicht richtig geschnallt, was los ist. Obwohl der Arzt sagte, dass sie wahrscheinlich nicht mehr dort raus kommt. Ich wollte vielleicht nicht verstehen, was das bedeuten kann. Ich wusste auch nicht, was das bedeutet für mich und mein weiteres Leben. Und irgendwann kam der Anruf von der besten Freundin meiner Mutter. Sie sprach mit mir, als würde sie mit einem Kleinkind reden. Ich stand da am Telefon und hab aufgelegt und hab mich erst einmal mit einem Freund verabredet. Wir sind in die Stadt gegangen.

Ich hab es erst mit den Jahren verstanden, weil die Person einfach nicht mehr da ist. Und weil man dann der Person noch was mitteilen will. Doch es geht dann nicht mehr. Gut, in dem Sinne fehlt sie mir nicht, weil ich mich eh nur mit ihr gestritten hab. Doch die eigene Mutter liebt man einfach. Da kann die Beziehung noch so schlecht gewesen sein.

Ich habe erst richtig gemerkt, als ich bei meinen Pflegeeltern eingezogen bin, dass ich jetzt ein ganz anderes Leben anfange. Und praktisch noch einmal ganz von vorne anfange. Ich habe das Gefühl, dass ich noch einmal eine Chance gekriegt hab. In den acht Monaten dazwischen war ich in einer Übergangspflegestelle und da wusste ich überhaupt nicht, was mit mir passiert. In dieser Zeit habe ich mich total zurückgezogen und habe mir eine Traumwelt aufgebaut. Ja, eine Traumwelt, wo ich einfach bin und alles perfekt ist. In der mir alles gelingt, so wie es vorher nie war. Es war eine Welt perfekt und vollkommen.

Irgendwann ist mir dann aufgefallen, dass mir das nichts bringt. Eine bestimmte Zeit hat es mir etwas gebracht, weil ich da gar nicht hätte rausgehen können. Ich hätte mich nicht mit meinen Freunden treffen können und sagen können: Meine Mutter ist zwar tot, aber sonst Friede, Freude, Eierkuchen. Was mich fertig gemacht hat war, dass ich einfach nicht wusste, was mit mir passiert. Ich wusste nicht, wo ich hinkomme.

Mein Vater zog zufällig neben uns ein, als ich ungefähr vier Jahre alt war. Doch wir haben nie so eine enge Beziehung zueinander aufgebaut. Wir konnten uns nicht vorstellen zusammenzuleben.

Mein ganzes weiteres Leben war völlig offen. Und dann wurde mir auch noch gesagt, Pflegefamilie ist was Unmögliches, weil Pflegeeltern lieber kleine Kinder wollen. Gut, ich hätte auch zu meiner Schwester in eine Jugendwohngemeinschaft gehen können. Das wollte ich nicht. Ich habe gesehen, wie das da läuft. Das war mir alles so unpersönlich. Aber ich wollte auch zu dem Zeitpunkt noch nicht mit meiner Schwester zusammen leben, weil es bisher auch nicht zusammen geklappt hat. Wir haben uns ziemlich auseinander gelebt. Obwohl wir so lange zusammengewohnt haben, haben wir nie wirklich etwas zusammen gemacht oder zusammen geredet. Wir sind eigentlich immer nur gegeneinander losgegangen. Gut, und dann hab ich gesehen, in der Jugendwohngemeinschaft sind Leute, die kommen um 14 Uhr und gehen um 16 Uhr. Andere gehen um 18 Uhr. Du hast da nie das Gefühl, irgendwo zu sein, wo man dich mag. Und du hast auch nie die Möglichkeit, jederzeit einen Ansprechpartner zu haben. Die Sozialarbeiter sind eben nur zu bestimmten Zeiten ansprechbar. Und dann musst du's halt sagen, wenn du was auf dem Herzen hast. Doch es geht nicht, wenn du plötzlich morgens um sieben Uhr denkst: Ach darüber möchte ich jetzt reden. Wenn ich merke, dass Jutta und Frank, meine Pflegeeltern, jetzt nicht reden können, ist es auch ok. Dann warte ich halt. In einer Jugendwohngemeinschaft kannst du nicht spontan sein. Das war mir nicht klar, das ist mir erst im Nachhinein klar geworden, warum ich lieber in eine Pflegefamilie gegangen bin. Damals wusste ich wahrscheinlich im Unterbewusstsein, was ich nicht wollte. Zu der Zeit hätte ich es auch nicht gekonnt, in eine Jugend-WG zu gehen. Jetzt ginge es, weil ich durch Jutta und Frank auch unheimlich stabil geworden bin. Da habe ich mich wirklich um 180 Grad gewendet. Ich hab mich völlig verändert.

Ich war in einer Übergangspflegestelle bei einem Herrn Loose. Dort kriegt man ein Zimmer zur Verfügung und die Leute kriegen auch Geld vom Jugendamt für Essen und Kleidung und Taschengeld. Eigentlich sollte der Übergang vier Wochen oder höchstens drei Monate sein. Ich habe also in der ganzen Zeit darauf gewartet, dass sich eine Pflegefamilie meldet. Ich hatte eigentlich die Hoffnung aufgegeben, dass mich jemand nimmt. Ich wusste aber auch nicht, was ich stattdessen machen sollte. Ins Heim zu gehen war für mich absolut unmöglich. Das ist für mich noch schlimmer als Jugend-WG. Bei meiner Schwester hat mir das Heim schon gefallen, aber allein der Name „Heim" hat mich abgeschreckt. Ich hatte sowieso Minderwertigkeitsgefühle, weil ich in einer Situation war, die nicht jedem passiert. Das war einfach eine oberbeschissene Situation, die ich auch keinem anderen wünsche. Nach dem Tod meiner Mutter ging es zuerst noch eine Stufe tiefer. Gleichgültig bin ich jedoch nicht geworden.

In dieser Zeit habe ich mich in die Schule mehr reingehängt. Ich war in der Hauptschule und das war eh leicht für mich. Als meine Mutter gestorben ist, konnte ich mich weder auf die Schule noch auf irgendetwas anderes konzentrieren. Dadurch bin ich in die Hauptschule gekommen und schon daher habe ich mich dann mehr reingehängt, denn Hauptschule wollte ich nicht. Ich habe gemerkt, das entspricht nicht meinen Möglichkeiten.

Im Grunde bin ich immer etwas misstrauisch. Acht Monate warten und jetzt hat sich jemand gemeldet. Als sich dann Pflegeeltern für mich gemeldet haben, war das schon ein ziemlich tolles Gefühl. Aber ich war schon eingeschüchtert, weil ich dachte, dann muss ich sie kennen lernen, und dann klappt es vielleicht gar nicht. Und dann stehe ich wieder da. Doch es hat auf Anhieb geklappt. Es war erst einmal sehr erleichternd. Ich hab trotzdem viel Energie reingesteckt, sonst hätte ich so lange gar nicht ausgehalten zu warten. Sonst wäre ich ja gleich zu meiner Schwester gezogen. Für mich war das ein großer Erfolg, dass sich doch noch eine Familie gemeldet hat.

Jutta und Frank haben von mir gehört und konnten mich einfach nicht vergessen. Unser Verhältnis ist durch Zufall auf dem Jugendamt entstanden, wo von mir eigentlich gar nicht die Rede sein sollte. Ein Sozialarbeiter vom Jugendamt hat meinen Pflegeeltern so nebenbei von mir erzählt. Er sagte auch, dass ich zwölf Jahre alt wäre. Er hatte das falsch in Erinnerung und dann kam doch raus, dass ich schon 14 bin. Trotzdem haben sie gesagt, dass sie mich jetzt kennen lernen wollen, obwohl sie ein kleines Kind haben wollten.

Ich wusste natürlich nicht, was ich erwarten sollte und was Jutta und Frank von mir erwarten. Ich muss am Anfang so viel geplappert haben, dass sie gleich bemerkt haben, dass ich sie nicht als meine wirklichen Eltern ansehen würde. Als Jugendliche geht das auch nicht mehr. Also ich war das erste Pflegekind in der Familie. Dadurch, dass ich älter war, ist es noch viel schwieriger für sie gewesen. Weil ich schon viel mehr Lebensgeschichte habe als das jüngste Pflegekind, das jetzt fünf geworden ist. Ich war ja schon geprägt, an mir konnte man nicht mehr so großartig dran rumbiegen.

Trotzdem haben sie mir vieles beigebracht. Dass im Gemeinschaftsleben alle etwas dazu zu tun haben. Solche Sachen habe ich von ihnen gelernt, und da kann ich auch sagen, dass ich da sehr von profitiere. Ich habe auch gelernt, wenn mir was wichtig ist, dass ich das einfach durchziehe und mache. So mache ich das jetzt auch mit der Schule. Ohne die Unterstützung von Jutta und Frank hätte ich das in der Schule auch nicht geschafft. Sie haben mir viele Sachen klarer gemacht. Die Schule macht mir meist gar keinen Spaß, aber ich weiß, dass ich später davon profitieren werde, wenn ich durchhalte. Von meiner Mutter habe ich so etwas nie gelernt. Auf solche Gespräche hätte sie sich nie eingelassen.

Ich hatte keine genauen Vorstellungen, was mich erwartet. Aber ich habe mir gedacht, in einer Pflegefamilie muss ich Kompromisse machen, es ist nichts vorgefertigt, aber ich kann Beziehungen zu Menschen aufbauen. Man ist umgeben von Menschen, mit denen man zusammenlebt. Ich habe ja nie in einer richtigen Familie gewohnt. Ich wollte es wenigstens mal kennen lernen, weil ich das bei Freunden oft gesehen habe. Ich denke auch, dass man in einer funktionierenden Familie auch zwei Personen hat, mit denen man reden kann und nicht nur eine. Bei einer einzelnen Pflegeperson hätte ich das nicht gemacht. Nur mit einer Frau beispielsweise zusammenleben, das hatte ich ja schon mit meiner Mutter. Und dann hätte ich auch die Angst gehabt, dass mich das zu sehr an früher erinnert. Und dass zu hohe Erwartungen an mich gestellt würden. Nur mit einem Mann zu leben, einem Pflegevater, damit hatte ich ja auch nie Erfahrungen gemacht. Das hätte mir auch Angst gemacht. Da hätte ich keine Lust drauf gehabt.

Es ist wohl ein Ausnahmefall, aber ich bin zur ersten Zusammenkunft ganz alleine zu den Pflegeeltern hingefahren. Normalerweise ist immer ein Sozialarbeiter vom Jugendamt dabei. Ich weiß nicht mehr, warum ich alleine hingegangen bin. Es musste auch keine Person dabei sein, die vermittelt. Natürlich war ich aufgeregt. Erst einmal habe ich mich verfahren. Jutta hatte mir versehentlich am Telefon eine falsche Haltestelle gesagt. Da bin ich eine Haltestelle zu weit gefahren. Ich hatte keinen Plan und war vorher noch nie in Findorf. Ich war völlig nervös und aufgeregt. Ich hatte auch keine Vorstellung, wie Jutta und Frank wohl aussehen. Ich dachte auch: Was werden die von mir denken. Ich hatte tierischen Bammel. Die beiden waren aber auch tierisch aufgeregt. Gut, zumindest Frank kam mir ziemlich gelassen vor. Bei Jutta habe ich das schon bemerkt. Sie saß da und hat die ganze Zeit gelacht.

Mir hat es jedenfalls dort sofort gefallen. Wir haben die ganze Zeit geredet. Nicht nur. Man muss den anderen auch erst einmal angucken, wie er sich bewegt. Wir haben dann ein Probewohnen für das kommende Wochenende ausgemacht. Ich hatte tierische Hemmungen - das hat bestimmt noch ein halbes Jahr angehalten - dass ich nicht richtig aus mir herauskommen konnte. Ich wusste trotzdem, irgendwie wird es klappen. Das Haus hat mir gefallen und Jutta und Frank auch. Wir hatten uns am Wochenende gut verstanden. Mir war klar, diese Chance lässt du dir nicht nehmen. Jutta und Frank kamen mir auch positiv entgegen; das hat den Prozess sehr unterstützt. Ich hab gemerkt, dass sie auch mit mir leben wollten.

Ganz am Anfang sind wir nach Amsterdam gefahren und haben dort gezeltet. Kurze Zeit später sind wir nach Marokko geflogen, mit Rucksäcken ausgestattet und sind mit den normalen Linienbussen in der Gegend rumgefahren. Für mich war das ein totales Erlebnis. Im Alltag haben wir immer zusammen gegessen. Ansonsten hat jeder seinen eigenen Teil weitergemacht, wie es bisher war. Wir haben oft zusammen geredet und dadurch haben wir uns auch besser kennen gelernt. Und im Urlaub hat man viel voneinander gesehen, weil man von morgens bis abends zusammen war.

Am Anfang war mir das nicht zu eng. Ich wollte mich absolut darauf einlassen. Freunde habe ich zu der Zeit zurückgestellt. Es ist ein komisches Alter und eine komische Situation. Das ist ein Alter, wo man sich normalerweise von seinen Eltern löst und ich komme in eine neue Familie. Ich habe mir für die neue Familie viel Zeit genommen und hab dabei unheimlich viel gequatscht.

Nach einem drei viertel Jahr habe ich mich dann wieder mehr auf meine Freunde konzentriert. Dadurch kam es zu Hause zu Streitereien. Einmal habe ich gedacht, dass ich durchdrehe. Ich habe meine ganzen Sachen gepackt. Na ja, ich hatte mich noch nicht ganz auf Jutta und Frank eingelassen. Wenn wir gestritten haben, kam es zweimal vor, dass Frank mich am Handgelenk fest gehalten hat und gesagt hat: Jetzt aber raus in dein Zimmer. Er hat mich fest gehalten, das hat mir überhaupt nicht gepasst. Das war auch der Auslöser. Bei meiner Mutter kam es innerhalb von 14 Jahren nur zweimal dazu, dass wir uns körperlich angegriffen haben. Und bei Jutta und Frank kam es innerhalb von nur eineinhalb Jahren dazu, dass er mich am Handgelenk gepackt hat. Obwohl im Gegensatz zu dem, was mit meiner Mutter passiert ist, eigentlich gar nichts war. Er hat mich einfach nur festgehalten. Aber das war mir so unangenehm. Vielleicht weil es schon zweimal vorgekommen ist in kurzer Zeit.

Jedenfalls habe ich gedacht, jetzt ist alles vorbei. Das hat mich dazu gebracht, meine Sachen zu packen und raus hier. Elena, die Tochter von Jutta, kam mit Tränen in den Augen zu mir ins Zimmer. Dadurch ist mir klar geworden, dass ich zur Familie dazugehöre. Nur wegen so einem Streit alles hinter mir lassen, das wollte ich doch nicht. Doch es kommt in Pflegefamilien ohnehin viel eher vor, dass man geht. Oder Pflegeeltern sagen: Du musst raus. Es liegt daran, dass die Verbindung nicht so fest ist. Ich habe mit meiner Schwester ein so verbundenes Gefühl, obwohl wir uns gar nicht ähnlich sind. So ein Gefühl baut sich in einer Pflegefamilie mit der Zeit auf, doch es ist nie dieses starke Gefühl. Es ist natürlich ein Unterschied zu Kindern, die schon früh in eine Pflegefamilie gekommen sind.

Inzwischen ist es so, wir streiten uns einfach nicht mehr. Weil ich auch älter geworden bin und auch mehr einsehe und sie auch mehr auf mich zugehen können. Und wir viel besser Kompromisse schließen können. Am Anfang war ich auch mehr so rotzgörenmäßig drauf. Ich hatte mein Ding im Kopf und das wollte ich so durchziehen. Mit dem Alter und mit dem, was ich bei Jutta und Frank gelernt habe, hat sich das verändert. Ich hatte ja auch so viele schöne Sachen mit Frank erlebt, da konnte ich doch nicht sagen, ich gehe, nur weil er mich zweimal am Handgelenk fest gehalten hat. Ich konnte körperlichen Kontakt sowieso nicht gut ertragen. Nicht einmal mit meiner Mutter hatte ich körperlichen Kontakt. Jedenfalls erinnere ich mich nicht mehr. Dadurch war das Festhalten so gravierend für mich. Das war eben schon Gewalt. Für mich war das ein absoluter Schock. Ich konnte damit ganz schlecht umgehen. Ich kann am Festhalten nichts Positives finden. Frank hatte das auch noch nie bei jemandem gemacht. Ich habe ihn wohl so zur Weißglut gebracht, was davor noch kein anderer geschafft hat. Das war auch für ihn eine Situation, wo er einfach nicht mehr weiter wusste. Sicher, es hat mir auch Angst gemacht, dass mich ein Mann so fest hielt. Wenn Jutta mich fest gehalten hätte, wäre es nicht so schlimm für mich gewesen, weil ich dies bei meiner Mutter schon erlebt hatte. Ich habe ja versucht, mich bei Frank loszureißen, aber ich habs einfach nicht geschafft. Und das hat mir noch mehr Panik gemacht. Frank ist einfach größer und kräftiger als ich.

Jutta hat sich aber auch mehr unter Kontrolle. Und sie sagt auch schneller und direkter, wenn ihr etwas nicht passt. Deshalb wäre es mit ihr gar nicht zu solch einer Situation gekommen.

Mich belastet diese Geschichte mit Frank nicht mehr. Ich verstehe mich super mit Frank und auch mit Jutta. Unsere Beziehung miteinander hat sich richtig gut wieder eingerenkt. Manchmal denke ich sogar, dass unsere Beziehung viel besser ist als in normalen Familien, weil dort viel öfter gestritten wird. Jedenfalls das, was ich mitkriege. Die Jugendlichen sind teilweise viel unzufriedener mit ihren Eltern als ich. Unsere Beziehung ist jetzt ziemlich ausgeglichen und positiv. Sicher, es ist immer hart, wenn einem etwas gesagt wird, was man nicht hören will. Ich falle aber nicht mehr zusammen wie ein Kartenhaus. Wenn ich einen Fehler mache, versuche ich mittlerweile dazu zu stehen.

Wenn Jutta mich kritisiert, dann kränkt mich das schon. Da hab ich ganz schön damit zu tun. Von Frank kann ich es leichter annehmen, der bringt das anders rüber. Er redet auch mehr darüber, woran das denn liegen kann. Und Jutta sagts ganz direkt. Das ist schwer verdaulich. Ich hab solche Auseinandersetzungen nie gelernt. Ich muss einfach lernen, auch einstecken zu können.

Ich bin in den letzten Jahren sehr selbstbewusst geworden. Ich sage Leuten direkter was ins Gesicht, was ich früher nicht gemacht hab. Ich gehe jetzt immer weiter nach vorne. Mit meinen Freunden kann ich auch besser reden. Das kommt natürlich auch mit dem Alter, doch ich habe auch viel von Jutta und Frank übernommen. Ich habe mich früher immer minderwertig gefühlt und nie den Mund aufgemacht. Ich war zwar immer frech, aber direkt sagen konnte ich niemandem etwas.

Jenny kam vor einem Jahr zu uns. Das hat mir ganz gut getan, weil die ganze Aufmerksamkeit von mir abgegangen ist. Am Anfang war ich froh, im Mittelpunkt zu stehen. Das hab ich gebraucht. Nachher war diese große Aufmerksamkeit sehr anstrengend. Von daher war es gut für mich, als Jenny kam. Doch irgendwann habe ich auch gedacht: Haben sie denn überhaupt noch Ohren für mich? Bin ich auch noch da? Da gab es schon Komplikationen, doch ein kleines Kind braucht halt 24 Stunden Totalversorgung. Sie muss ja immer dokumentieren, was sie grade macht.

Ich habe mich von Anfang an darauf gefreut, dass wir ein zusätzliches Pflegekind bekommen. Ich bin mit hingefahren, als wir Jenny zum ersten Mal sahen. Ich wollte ja auch sehen, ob ich mir das vorstellen kann oder nicht. Bis heute bereue ich das absolut nicht. Ich kann mein Verhältnis nicht ganz genau definieren, aber manchmal geht sie mir auf die Nerven. Doch ich habe auch erst seit zwei Monaten mehr Kontakt zu Jenny. Für Jenny sind Jutta und Frank am wichtigsten. Die sind auch unheimlich auf Jenny fixiert. Das ist auch verständlich. Das war am Anfang bei mir ja genauso. Jetzt ist es aber so, dass ich mehr auf Jenny und sie auch mehr auf mich eingeht.

Jenny guckt jetzt auch sicher von mir ab. So wie kleine Geschwister halt sind. Wenn ich mich schminke, dann will sie das eben auch. Jetzt gefällt mir das, auch eine kleine Schwester zu haben. Der Altersunterschied zwischen uns ist aber schon ziemlich groß. Viele Sachen von Jenny kann ich verstehen, aber manche

Sachen sind so typische Kleinkindsachen und das kann ich nicht so akzeptieren. Da fehlt mir das Verständnis. Manchmal denke ich dann: Warum kann sie nicht mal still sein. Oder, wieso muss sie immer heulen, wenn sie Aufmerksamkeit will. Es war schlimm, am Anfang hat sie nur geheult.

Am Anfang war ich ein bisschen neidisch auf sie, weil sie wirklich die ganze Aufmerksamkeit von Jutta und Frank gekriegt hat. Und alles sich nur noch um Jenny drehte. Jenny braucht Zärtlichkeit von morgens bis abends. Gut, das wär mir zu viel. Ich bin ja froh, dass ich mittlerweile überhaupt Körpernähe zulassen kann. Sie ist auch immer auf dem Schoß von Frank. Mich nervt nur, dass Jenny immer dazwischen quakt, wenn ich mal was sage. Ich finde auch, dass sie zu viele Spielsachen kriegt. Ich habe zu Jutta gesagt, dass ich früher nie so viele Spielsachen hatte.

Jenny wird die Erfahrung der ersten fünf Jahre nicht wettmachen können. Das kann man nicht. Aber trotzdem glaube ich, dass sie, seit sie bei uns ist, eine schöne Kindheit erlebt. Sie wird nicht verwöhnt und wird auch nicht niedergemacht. Das ist so ein Mittelding, genau das, was für Kinder gut ist. So werden Kinder selbstbewusst, so werden sie gefördert. Frank und Jutta fördern alles, was nur möglich ist.

Gestern habe ich ihnen erzählt, dass ich dieses Interview habe. Und dabei habe ich ihnen gesagt, dass mir überhaupt nicht klar ist, welche Beziehung wir zueinander haben. Sie sind nicht meine wirklichen Eltern und ich sehe sie auch nicht als meine Ersatzeltern an. Sie sehen mich als ihre Pflegetochter, aber nicht als ihre wirkliche Tochter an. Wir wohnen zusammen und haben kein richtiges Familienverhältnis und auch kein Wohngemeinschaftsverhältnis. Es ist irgendwas dazwischen. Ich bin immer noch in so einer Rolle, dass ich von ihnen abhängig bin. Doch es ist auch so: Wenn ich nicht mehr weiter weiß, gehe ich zu ihnen, wie in einer normalen Familie, wenn man sich mit seinen Eltern versteht. Vielleicht ist es von den Handlungen her schon meine Familie, nur für meinen Kopf ist es nicht so. Wir alle drei hatten gestern Fragezeichen im Gesicht und wussten alle drei nicht, was es ist. Es ist so ein Mittelding zwischen Familie, WG und Freundschaft. Ha, im Grunde ist das ja perfekt! Ich hab das in gewöhnlichen Familien beobachtet, da ist es nie so wie bei uns. Wenn ich das so überlege, dann ist da doch ganz schön viel Nähe zwischen uns.

Was mir dort fehlt? Mir fehlt die Nähe zu meiner Mutter. Das hat nichts mit meinen Pflegeeltern zu tun. Das hat was mit meiner Mutter zu tun, weil ich zu ihr nie die Beziehung hatte, die ich mir gewünscht hätte. Vielleicht möchte ich mit Jutta und Frank ein bisschen mehr leben, was ich mit meiner Mutter gelebt hab. Nicht nur dieses Schöne und Ausgeglichene, sondern ein bisschen mehr Spannung. Einfach meckern und rumnörgeln zu dürfen, ohne sich rechtfertigen zu müssen. Sonst fällt mir spontan nichts mehr ein.

Ich bin schon am überlegen, ob ich nächstes Jahr ausziehe. Ich habe den Drang danach, alleine zu wohnen. Nicht, um von Jutta und Frank wegzukommen, sondern ich sehne mich, für mich selbst verantwortlich zu sein. Schule kann ich so oder so weitermachen, und wenn ich Hilfe brauche, kann ich jederzeit zu ihnen gehen. Ich bin mir sicher, dass der Kontakt zu den beiden nicht abbrechen wird. Doch ich weiß auch nicht, wie ich das finanziell geregelt kriege. Es wird sich hoffentlich finden. Ich bin jetzt so stabil, dass ich das auch kann.

Es ist schon klar, dass sie mir beim Umzug und beim Tapezieren der Wohnung helfen würden. Bei solchen Sachen ist das klar. Ich kann das gar nicht sagen, ob sie mich finanziell nach dem Auszug unterstützen würden. Ich erwarte das auch gar nicht, deshalb haben wir darüber auch nie gesprochen. Ich glaube, ich möchte das auch gar nicht wollen. Bei meiner Mutter habe ich gesehen, dass sie bis fast am Ende immer Kohle verlangt hat. Jedenfalls war sie immer abhängig und das ist genau das, was ich nicht will. Sie würden es vielleicht gut meinen und mich unterstützen. Ich würde es wahrscheinlich auch annehmen, aber ich glaube, ich würde immer ein komisches Gefühl haben. Ich würde immer denken, ich mache mich abhängig, ich mache nicht mein eigenes Ding, ich bekomme noch Geld von meinen Eltern, Pflegeeltern. Ich weiß nicht. Spannend, aber wir haben darüber nie geredet.

P.S. Nach dem Interview habe ich Jutta und Frank gefragt, ob sie mich finanziell nach meinem Auszug unterstützen würden. Ich war überrascht, dass sie ganz selbstverständlich bejahten.

Nachwort

Alle kennen das Gefühl. Wenn man nicht sprechen kann oder darf, hat man einen Kloß im Hals. Gedanken und Gefühle können einen Menschen im Alltag so bedrängen, dass nichts notwendiger wäre, als sich durch Worte zu befreien. Wer zu viel in sich hineinschluckt, läuft Gefahr, an Leib und Seele krank zu werden.

In diesem Buch erzählen 14 Pflege- und Adoptivkinder ihre Geschichte. Im Interview haben sie ihre zum Teil traumatischen Erlebnisse dem Autor mitgeteilt. Alle Kinder und Jugendlichen haben sich zu den Gesprächen freiwillig bereit erklärt. Oft wurden Namen und Orte anonymisiert. Manche wollten ihre Geschichte aber mit ihrem tatsächlichen Namen veröffentlichen. Die Texte geben die Sprache der Kinder und Jugendlichen wieder. Es wurde nur eingegriffen, wenn ein Zusammenhang im Interview unklar blieb. Diese Geschichten konnten nur mit dem Einverständnis der Pflege- und Adoptiveltern zustande kommen. Ohne ihre Erlaubnis wäre es für die Kinder und Jugendlichen nicht möglich gewesen, offen über ihre Gedanken und Gefühle zu sprechen. Einige ältere Jugendliche entschieden sich ohne Absprache mit ihren Pflege- oder Adoptiveltern für das Gespräch. Doch auch dies ging nur, wenn die Jugendlichen sich ihrer Gefühle gegenüber ihren „neuen" Eltern sicher sein konnten.

Einige Jugendliche, mit denen ich ein erstes Kontaktgespräch vereinbart hatte, fanden den Treffpunkt nicht. Oder sie vergaßen den Termin. Ich vermute, dass die Angst, über ihre Geschichte zu sprechen, zu groß war. Nach Rücksprache habe ich dann, wenn sich dieser Eindruck für mich bestätigt hatte, auf diese Interviews verzichtet. Eine Jugendliche zog ihr Einverständnis zur Veröffentlichung ihrer Geschichte im letzten Augenblick zurück. Sie hatte Angst, dass durch die Veröffentlichung ihrer Geschichte der gerade erst wieder aufgenommene Kontakt zu ihrer Adoptivmutter zerstört werden könnte. Ein Mensch kann seine Geschichte meist nur dann öffentlich machen, wenn er sich sicher fühlt und sich in einem sicheren und geborgenen Umfeld bewegt. Die Menschen um ihn herum müssen seine Gefühle und Gedanken gutheißen oder zumindest ertragen können.

Jede Geschichte in diesem Buch ist einzigartig. Man sollte vorsichtig sein mit der Behauptung, dass alle Pflege- oder Adoptivkinder sich so oder so fühlen würden. Für manche Kinder ist es keineswegs traumatisch, andere Eltern zu haben. Für sie ist es völlig normal, ein Pflege- oder ein Adoptivkind zu sein. Es stört sie höchstens, dass die Umwelt sich schwer damit abfinden kann, dass sie mit ihrer Situation keine großen Probleme haben.

Pflege- und Adoptivkinder haben zweifache Eltern. Das kann zu ständigem Hin- und Hergerissensein der Kinder führen. Zum Wohle des Kindes, aber auch aus eigenem Interesse, ist genaues Hinsehen und Zuhören für Pflege- und Adoptiveltern sehr wichtig. Viele Geschichten des Buches zeigen, dass die Kinder und Jugendlichen sich sehr loyal gegenüber ihren „neuen" Eltern verhalten. Sie wollen einfach nur wissen, woher sie kommen. Immer wieder fallen in den Interviews Sätze wie „Ich möchte meine leibliche Mutter einfach nur mal sehen". Bei vielen „Zweiteltern" ist die Angst groß, dass sie ihre Kinder verlieren könnten, wenn diese ihr Interesse äußern, ihre leiblichen Eltern kennen lernen zu wollen. Pflege- und Adoptiveltern, die ein vertrauensvolles Verhältnis zu ihren Kindern aufgebaut haben, haben nichts zu befürchten.

Bevor ich diese Interviews gemacht habe, ging ich davon aus, dass die Situation für Adoptivkinder leichter als für Pflegekinder ist. Ich dachte, die gesetzliche Klarheit in dieser Frage bringt auch Klarheit in die Gefühle der Kinder. Adoptivkinder haben meistens vor ihrem Erwachsenwerden keinen Kontakt zu ihren Herkunftseltern. Doch was verboten ist, kann auch besonders reizvoll sein. Adoptiveltern können die Situation für ihr Kind, aber auch für sich selber, mitunter erleichtern, wenn sie vor der Volljährigkeit des Kindes einen Kontakt zu den leiblichen Eltern arrangieren. Manchmal zählen die Kinder mehr oder weniger heimlich die Jahre bis zum 18. Geburtstag. Sie erhoffen sich, dass sich dann die für sie manchmal quälende Frage nach den leiblichen Eltern lösen könnte. Doch auch hier gilt, dass nicht jedes Adoptivkind diese Gefühle haben muss. So lehnt Marie den Kontakt zu ihrer leiblichen Mutter von sich aus ab. Sie befürchtet sogar, dass sie für ihre vielleicht nicht mit dem Leben klarkommende Mutter moralische Verantwortung übernehmen müsse, obwohl sie für Marie „ein fremder Mensch" ist.

Schwierig ist es oft für Kinder und Eltern, wenn ein unfreiwillig kinderloses Paar ein Kind adoptiert. Die Verlockung, dieses Kind zum eigenen Kind zu machen, ist besonders groß. Doch es erleichtert die nachfolgende Lebenssituation, wenn den künftigen Adoptiveltern klar ist, dass das adoptierte Kind niemals ein leibliches Kind sein wird. Wenn Adoptiveltern dies akzeptieren, können sie leichter ihrer Verantwortung dem Kind gegenüber gerecht werden. In Gesprächen, die ich anlässlich dieses Buches führte, hatten adoptierte Kinder oft große Schwierigkeiten, zu ihren Gefühlen zu stehen. Sie sind oft großem moralischem Druck von ihren Eltern ausgesetzt. In solchen Gesprächen schimmerte die Dankbarkeit der Kinder gegenüber den Adoptiv- und auch den Pflegeeltern durch, weil sie von ihnen aus dem Heim geholt worden sind oder der Heimaufenthalt ihnen erspart geblieben ist. Dabei nimmt niemand ein Kind aus ausschließlich selbstlosen Motiven auf. Immer gibt es dabei auch den Wunsch, mit einem Kind zusammenleben zu wollen. Wenn schon Dankbarkeit, dann bitteschön von beiden Seiten.

In diesem Buch wird sichtbar, wie vielfältig Pflegeverhältnisse sein können. Manche Jugendliche gehen freiwillig aus ihren Familien heraus, um sich selbst eine Pflegefamilie zu suchen. Diese bewusste Trennung von den leiblichen Eltern kann auch eine neue Lebenschance sein, wie es Krone eindrucksvoll schildert. Doch wird auch klar, dass es nicht unbedingt eine Pflegefamilie sein muss. Es kann auch eine Jugendwohngemeinschaft oder ein Heim sein, je nachdem, wie die Bedürfnisse der Kinder sind. Manchmal ist auch der Auszug aus einer Pflegefamilie, wie Oliver es formuliert, befreiend. „Wäre ich nicht von meiner Pflegemutter abgehauen, hätte ich es nicht geschafft." Für ältere Kinder, die in eine Pflegefamilie wollen, wirkt es jedoch verletzend, dass Pflegeeltern lieber „jüngere Kinder" haben wollen. So sitzen viele Kinder in Übergangspflegestellen und hoffen, dass sich irgendwelche, hoffentlich bessere, Eltern finden werden. Das ist für die Kinder und Jugendlichen eine tragische Situation.

Aus einigen Geschichten liest man das Misstrauen der Kinder und Jugendlichen gegenüber Institutionen heraus. Den Jugendämtern wird wenig Vertrauen entgegengebracht. SozialarbeiterInnen und PsychologInnen haben wenig Kredit. Die SozialarbeiterInnen des Jugendamtes werden von den Kindern und Jugendlichen zu wenig als ihre Interessenvertreter begriffen.

Pflege- und Adoptiveltern sind nicht unbedingt die besseren Eltern. Diese Meinung scheint noch immer weit verbreitet zu sein. Wobei Pflege- und Adoptiveltern unterschiedlich wahrgenommen werden. Bei Pflegeeltern schimmert im öffentlichen Bewusstsein immer noch durch, dass sie Kinder nur zu sich nehmen, weil sie Geld dafür bekommen. Adoptiveltern genießen dagegen den Ruf, aus ausschließlich menschenfreundlichen Motiven Kinder großzuziehen. Als ich einen bekannten Filmemacher um ein Vorwort für dieses Buch bat, sagte er mir mit der Begründung ab, dass er „persönlich nur Adoptionssituationen kenne, bei denen alles klargegangen ist. Deshalb sei er nicht der richtige Mann für dieses Buch." Meine Erfahrung beim Machen dieses Buches zeigt: Es gibt gelungene und nicht gelungene Adoptionen. Genauso wie es gelungene leibliche Kinder-Elternbeziehungen gibt wie nicht gelungene. Eigentlich eine Binsenweisheit, aber ich habe den Eindruck, dass Adoption ein Mythos ist. Vielleicht kann dieses Buch mit dazu beitragen, die Realität hinter dem Mythos sichtbarer zu machen.

Diese Geschichten sollen vor allem Pflege- und Adoptivkindern Mut machen, die bisher nicht wagten, über ihre Erfahrungen zu sprechen. Ein Pflegevater sagte zu mir, als ich seine Pflegetochter interviewen wollte, dass er es einseitig fände, wenn nur die Kinder zu Wort kämen. Und fragte noch mürrisch, ob denn wenigstens die Interessenvertretung der Pflege- und Adoptiveltern zu Wort kommen würde. Dieses Buch will einseitig sein. Die Kinder und Jugendlichen erzählen unkommentiert ihre Geschichte. Es will diejenigen unzensiert zu Wort kommen lassen, deren Stimme meist ungehört bleibt: die betroffenen Kinder und Jugendliche.

Auszug aus unserem Programm

Sabina Dörfling / Inge Elsäßer (Hrsg.):
Internationale Adoptionen, Beratung, Vermittlung,
Begleitung, Wittlaerer Reihe, Band 4,
5. Aufl. 2005, 92 Seiten, ISBN-10: 3-8248-0304-6,
ISBN-13: 978-3-8248-0304-0, € 14,00 [D] / sFr 24,50

Sabina Dörfling / Inge Elsäßer (Hrsg.):
International Adoptions
Übersetzungen Englisch/Französisch/Spanisch,
Wittlaerer Reihe, Band 5, 1. Aufl. 2000, 248 Seiten,
ISBN-10: 3-8248-0304-6, ISBN-13: 978-3-8248-0304-7
€ 12,68 [D] / sFr 22,19

Gesine Lange: **Auslandsadoption,** Wissenswertes zu einem
aktuellen Thema, Wittlaerer Reihe, Band 6,
2. akt. Auflage 2003, 160 Seiten, ISBN-10: 3-8248-0306-2,
ISBN-13: 978-3-8248-0306-4, € 12,68 [D] / sFr 22,19

René Hoksbergen: **Die Folgen von Vernachlässigung,**
Erfahrungen mit Adoptivkindern aus Rumänien,
Wittlaerer Reihe, Band 7, 2. Aufl. 2004, 197 Seiten,
ISBN-10: 3-8248-0307-0, ISBN-13: 978-3-8248-0307-1
€ 13,95 [D] / sFr 24,41

Georg Beck: **Wie man die rechte Familie finden soll,**
Einhundertfünfundzwanzig Jahre Evangelische Familienpflege
und Adoption im Rheinland. 1878 - 2003,
Wittlaerer Reihe, Band 8, 1. Aufl. 2003, 248 Seiten, zahlr. Fotos,
ISBN-10: 3-8248-0308-9, ISBN-13: 978-3-8248-0308-8
€ 19,- [D] / sFr 33,25

Edda Harms / Barbara Strehlow (Hrsg.):
Adoptivkind – Traumkind in der Realität
5. Aufl. 2004, 280 Seiten, ISBN-10: 3-8248-0165-5,
ISBN-13: 978-3-8248-0165-7, € 25,60 [D] / sFr 44,80

Günter Smentek (Hrsg.): **Die leiblichen Eltern im Adoptions-
prozeß – verändert sich die Adoptionspraxis?** Fachleute und
betroffene Väter/Mütter berichten
1. Aufl. 1998, 88 Seiten, ISBN-10: 3-8248-0168-X,
ISBN-13: 978-3-8248-0168-8, € 11,25 [D] / sFr 19,69

Charly Kowalczyk: **Immerhin hatte ich Eltern,**
Biografien erwachsener Adoptiv- und Pflegekinder
1. Aufl. 1998, 176 Seiten, ISBN-10: 3-8248-0350-X,
ISBN-13: 978-3-8248-0350-7, € 18,41 [D] / sFr 32,22

Gudrun und Kurt Eberhard: **Das Intensivpädagogische Pro-
gramm (IPP)** – ein Aktionsforschungsprojekt für psychisch
traumatisierte Kinder und Jugendliche in sozialpädagogisch und
psychotherapeutisch betreuten Pflegefamilien
2. Aufl. 2002, 64 Seiten, ISBN-10: 3-8248-0406-9,
ISBN-13: 978-3-8248-0406-1, € 14,32 [D] / sFr 25,06

PFAD Bundesverband der Pflege- und Adoptivfamilien e.V.
(Hrsg.): **Handbuch für Pflege- und Adoptiveltern,**
Pädagogische, psychologische und rechtliche Fragen des
Adoptions- und Pflegekinderwesens
6. überarb. Aufl. 2003, ISBN-10: 3-8248-0020-9,
ISBN-13: 978-3-8248-0020-9, € 19,60 [D] / sFr 34,30

Stiftung zum Wohl des Pflegekindes (Hrsg.):
**Traumatische Erfahrungen in der Kindheit – langfristige
Folgen und Chancen der Verarbeitung in der Pflegefamilie,** Tagungsdokumentation der 15. Jahrestagung der Stiftung
zum Wohl des Pflegekindes am 14. Juni 2004 in Münster
2. Aufl. 2005, 168 Seiten, ISBN-10: 3-8248-0374-7,
ISBN-13: 978-3-8248-0374-3, € 9,80 [D] / sFr 17,15

Stiftung zum Wohl des Pflegekindes (Hrsg.):
5 Jahre KJHG aus der Sicht des Pflegekinderwesens
1. Aufl. 1996, 348 Seiten, ISBN-10: 3-8248-0190-6,
ISBN-13: 978-3-8248-0190-6, € 19,43 [D] / sFr 34,00

Stiftung zum Wohl des Pflegekindes (Hrsg.):
1. Jahrbuch des Pflegekinderwesens, Schwerpunktthema:
Traumatisierte Kinder
4. Aufl. 2006, 248 Seiten, ISBN-10: 3-8248-0390-9,
ISBN-13: 978-3-8248-0390-3, € 17,28 [D] / sFr 31,42

Stiftung zum Wohl des Pflegekindes (Hrsg.):
2. Jahrbuch des Pflegekinderwesens, Pflegekinder in Deutschland – Bestandsaufnahme und Ausblick zur Jahrtausendwende
2. Aufl. 2005, 236 Seiten, ISBN-10: 3-8248-0411-5,
ISBN-13: 978-3-8248-0411-5, € 17,95 [D] / sFr 30,24

Stiftung zum Wohl des Pflegekindes (Hrsg.):
3. Jahrbuch des Pflegekinderwesens, Kontakte zwischen
Pflegekind und Herkunftsfamilie
2. Aufl. 2005, 300 Seiten, ISBN-10: 3-8248-0439-5,
ISBN-13: 978-3-8248-0439-9, € 19,60 [D] / sFr 34,30

Werner Böcker / Volker Krolzik (Hrsg.):
Adoptionen in der Einen Welt, Hilfen zur Integration fremdlän-
discher Kinder in Westeuropa, Wittlaerer Reihe, Band 1,
5. Aufl. 2002, 92 Seiten, ISBN-10: 3-8248-0301-1,
ISBN-13: 978-3-8248-0301-9, € 10,12 [D] / sFr 17,71

Jacqueline Kauermann-Walter / Volker Krolzik (Hrsg.):
Pflegekinder- und Adoptionsdienste, Lebens- und Wesens-
äußerung der Caritas und Diakonie, Wittlaerer Reihe, Band 2,
2. unveränd. Aufl. 1997, 64 Seiten, ISBN-10: 3-8248-0302-X,
ISBN-13: 978-3-8248-0302-6, € 6,54 [D] / sFr 11,45

Volker Krolzik (Hrsg.): **Pflegekinder und Adoptivkinder
im Focus,** Wittlaerer Reihe, Band 3,
3. Aufl. 2005, 212 Seiten, ISBN-10: 3-8248-0303-8,
ISBN-13: 978-3-8248-0303-3, € 12,95 [D] / sFr 22,66

Leseproben im Internet:

www.schulz-kirchner.de

Über den Buchhandel erhältlich oder direkt bei der

**Schulz-Kirchner Verlag GmbH
Postfach 12 75 · D-65502 Idstein**
☎ (0 61 26) 93 20-0
🖷 (0 61 26) 93 20-50
@ bestellung@schulz-kirchner.de

 Pflegefamilie / Adoption

Traumatische Erfahrungen in der Kindheit –

langfristige Folgen und Chancen der Verarbeitung in der Pflegefamilie

Tagungsdokumentation der 15. Jahrestagung der Stiftung zum Wohl des Pflegekindes am 14. Juni 2004 in Münster

In den Gremien der Stiftung zum Wohl des Pflegekindes entstand in den letzten Jahren zunehmend der Eindruck, dass die langfristigen Folgen traumatischer Erfahrungen in der Kindheit in der behördlichen und gerichtlichen Praxis, aber auch bei den Pflegeeltern, zu wenig bekannt sind oder doch unterschätzt werden. Das war der Anlass, die Jahrestagung 2004 dieser Thematik zu widmen.

In vier Vorträgen wurden

- der aktuelle wissenschaftliche Stand der Trauma-, Gehirn-, Stress- und Bindungsforschung vorgestellt und
- notwendige Voraussetzungen für die Chance der Verarbeitung traumatischer Erfahrungen in der Pflegefamilie aufgezeigt.

Die Stiftung hofft, mit der Publikation dieser Tagungsdokumentation einen Beitrag zur dringend notwendigen Intensivierung der Fachdiskussion um die notwendigen Hilfen für Kinder mit traumatischen Erfahrungen zu leisten.

Diese Veröffentlichung ist für all jene Menschen von Interesse, die traumatisierte Kinder begleiten und /oder behördliche oder gerichtliche Entscheidungen für traumatisierte Kinder treffen müssen.

Stiftung zum Wohl des Pflegekindes (Hrsg.) 168 Seiten, 1. Auflage 2005, ISBN 3-8248-0374-7, kartoniert, € 9,80 (D) / sFr 17,15

Inhaltsverzeichnis und Leseprobe:

www.schulz-kirchner.de

Über den Buchhandel erhältlich oder direkt bei der

Schulz-Kirchner Verlag GmbH Postfach 12 75 · D-65502 Idstein
☎ (0 61 26) 93 20-0
🖷 (0 61 26) 93 20-50
@ bestellung@schulz-kirchner.de